깜짝 놀랄 독 생물 백과

감수 니시우미 다이스케

코믹컴

들어가며

생물은 정말 신기해요! 그중에서도 독을 지닌 위험 생물은 더욱 심오해요. 길고 긴 진화 역사 속에서, '독을 지녔다'는 생존 전략을 손에 넣은 생물은 어떤 의미로 매우 현명한 기술을 익힌 강자예요! 그런 위험 생물과 잘 지내기 위한 방법은 '그들의 입장이 되어 생각하는 것'이에요.

"그들이 어떻게 생활할까?"

"어떤 생각으로 지금 그곳에서 사는 걸까?"

그렇게 생각하다 보면, 그들이 '화낼 때'나 '사는

장소' 등 다양한 것을 이해할 수 있어요. 벌이 식물의 꽃가루를 운반하거나……독초가 약이 되거나…… 사람의 도움이 될 때도 있어요.

그들을 공부하면 여러분도 위험 생물과 더욱 친해질 수 있을 거예요!

이 책에서는 일본의 위험 생물 102종을 소개하고 있어요!

정확히 배워 위험 생물을 마스터해 보세요!

세일즈 환경교육 디자인연구소 **니시우미 다이스케**

NTS CONTENTS CONTENTS

차례

CONTENTS

NTS CONTENTS CONTENTS

CONTENTS

제 1 장

주택가에서 마주하는 맹독 생물

"나와 가족, 친구가 사는 집 근처에 독을 지닌 생물이 있을 리 없지."
혹시 그렇게 생각했다면 큰 착각이에요.
실은 주택가에도 독을 지닌 무서운 생물이 서식하고 있어요!

말벌 최강급의 공격성

황말벌

마주쳐도 손을 휘젓지 마!

정보

이름	황말벌	분류	곤충	몸길이	여왕벌 26mm 일벌 20mm
서식지	한국, 일본, 시베리아				

위험도

독의 강도 ☠☠☠☠☠

마주할 확률 ☠☠☠☠☠

*일본에서의 경우입니다.

도시 주변에서 늘어났다고 일컬어지는 공격성 높은 말벌 종. 소형 곤충을 사냥하는 한편, 수액, 열매, 먹다 남은 주스에도 다가와요. 집에 둥지를 짓는 경우도 많아 주택가에서도 주의가 필요해요.

황말벌은 노란색과 흑색 줄무늬 모양의 몸이 특징이에요. 전체가 짙은 노란색 털로 덮여 있고 복부에 독침을 지녔어요. 나뭇가지, 지붕 밑 등에 둥지를 지으며 그 크기가 1m에 달하기도 해요. 집 주변이나 마을 안에서 발견되는 경우도 있으니까 절대 가까이 가면 안 돼요. 공격성이 높아 둥지 주변에서 어슬렁거려도 공격당하기 때문이에요. 만일 다가온 경우에도 난폭하게 손을 휘젓지 말고 천천히 그 장소에서 멀어지세요. 찔리면 극심한 고통과 함께 피부가 붉게 부풀어 오르고, 심한 경우에는 격한 알레르기 증상을 일으켜 호흡 곤란에 빠지는 등 사망에 이를 수도 있어요. 일 년 중 개체 수가 늘어나는 8월~10월에는 주의가 필요해요.

대처법

만약 쏘였다면

둥지를 자극해 집단으로 공격당하면 차례로 공격하기 때문에 우선 둥지에서 벗어나야 해요. 냉수로 상처를 헹구고 보랭제 등으로 식히는 게 좋아요. 걱정되면 반드시 병원으로 가세요. 호흡 곤란이나 의식에 문제가 생기면 바로 구급차를 부르세요.

QUIZ

Q. 황말벌이 많을 때는 둥지에 몇 마리의 일벌이 살고 있을까요?

① 100마리 이상 ② 500마리 이상

③ 1,000마리 이상

정답은 다음 페이지에

KEEP OUT KEEP OUT

모충 최강의 통증?

노랑쐐기나방

전신이 독가시로 덮여 극심한 통증을 유발해요

정보

이름	노랑쐐기나방	분류	곤충	몸길이	유충 25mm
서식지	한국, 일본, 중국, 대만				

정답 ③ 1,000마리 이상

위험도

독의 강도

마주할 확률

독을 지닌 유충은 7월~10월에 출현해요. 학교나 공원 등의 친숙한 장소에 있는 벚꽃이나 감나무, 매화나무 등에 있을 가능성이 있어 근처에 갈 때는 주의가 필요해요! 참고로 노랑쐐기나방의 성충과 고치에는 독이 없어요.

푸른쐐기나방, 붉은쐐기나방, 검은공주쐐기나방 등의 쐐기나방은 종에 따라 색과 모양은 다르지만 모두 선인장 같은 가시를 지닌 것이 특징이에요. 두껍고 짧은 몸은 배가 잎에 딱 달라붙을 수 있게 되어 있어요. 이곳저곳에 자란 뿔 같은 것은 보다시피 위험한 가시예요! 가시가 피부를 찌르면 몸에 전류가 흐르는 듯한 극심한 고통이 일어요. 하지만 중상에 이르는 독은 아니며 몇 시간~이틀 안으로 사라져요. 아침~저녁에 걸쳐 왕성하게 활동하기 때문에 노랑쐐기나방이 좋아하는 나무에 다가갈 때는 주의하세요.
유충이라 공격성은 없어도 잎 뒤편에 숨어 있는 경우가 있어 무심코 만질 위험이 있어요.

대처법

만약 찔렸다면

찔렸을 때의 고통은 일본에 있는 모충(몸에 털이 있는 벌레) 중 최강이라고 해요. 극심한 고통과 더불어 붉게 부풀어 오르지만, 보통 몇 시간~이틀 안으로 잦아들어요. 얼음 등으로 식히면 효과적이에요. 피부에 작은 가시가 꽂혀 있으면 접착테이프를 사용해 제거하세요. 만약 증상이 잦아들지 않을 때는 병원으로 가세요.

QUIZ

Q. 노랑쐐기나방의 별명은?

① 천둥벌레
② 전류벌레
③ 전기벌레

정답은 다음 페이지에

KEEP OUT KEEP OUT

얌전한 성격이지만 방심은 금물!

좀말벌

다가오는 적에게 즉시 맹반격!

정보

이름	좀말벌	분류	곤충	몸길이	여왕벌 27mm 일벌 24mm
서식지	한국, 일본, 중국, 시베리아				

정답 ③ 전기벌레

위험도

독의 강도

마주할 확률

도심에도 많이 서식하고 정원수나 지붕 밑 등 사람이 생활하는 가까운 장소에 둥지를 틀기도 해요. 말벌 중에서는 온순한 성격을 지녔지만 방심하면 안 돼요. 둥지를 발견해도 가까이 가지 마세요.

좀말벌은 세계에서 가장 큰 장수말벌과 닮은 몸 형태를 띠고 있어요. 하지만 이름처럼 작고 아담한 몸 크기를 지녔죠. 먹이는 작은 곤충 등이며, 꿀을 핥기 위해 꽃이나 수액에 모여들기도 해요. 주택가 등에도 서식하곤 해 일상에서 만날 가능성이 있어요. 성질은 온순해 자극하지 않는 한 공격당할 걱정은 없어요. 하지만 정원수나 지붕 밑 등 집 주변에 둥지를 트는 경우도 있으니 주의해야 해요. 둥지를 건드리면 독침으로 공격해 오니 특히 주의하세요! 한 번 공격당하면 다른 말벌과 마찬가지로 집단으로 공격해요. 찔리면 극심한 고통과 더불어 상처가 부풀어 오르는 등 사람에 따라 죽음에 이르기도 해요.

대처법

만약 쏘였다면

자극하지 않는 한 공격당할 걱정은 없기 때문에 만약 집 주변이나 마을 안에서 둥지를 발견해도 절대로 자극하면 안 돼요. 둥지를 자극했다면 바로 그 장소에서 벗어나세요. 찔린 경우 물로 씻어 상처를 헹구세요. 걱정되면 병원으로 가세요.

QUIZ

Q. 좀말벌의 둥지는 초기에 어떤 형태를 띠나요?

① 호리병 모양 ② 자라목 모양 ③ 초승달 모양

정답은 다음 페이지에

일본 뇌염 등을 옮기는 위험 생물!

일본숲모기

오래 전부터 한국에 서식한 흡혈귀

주택가
공원·도심 녹지
산
물속
일본 오키나와

정보

이름	일본숲모기	분류	곤충	몸길이	6mm
서식지	한국, 일본				

정답 ② 자라목 모양

위험도

독의 강도 ☠

마주할 확률 ☠☠☠☠☠

검은색 또는 회색 몸통에 등에는 황갈색 줄무늬, 배에는 하얀 문양이 새겨진 게 특징이에요. 마을보다 야산에 많이 서식하고 여름 낮에 가장 활발히 활동해요. 흰줄숲모기와 비교해 사람의 피를 별로 빨지 않아요.

일본숲모기는 오래 전부터 일본에 서식한 재래종이에요. 일본뇌염이나 웨스트나일 바이러스 등을 매개할 가능성이 있다고 여겨지는 무서운 일면을 지녔어요. 마을에는 거의 없고 야산 등 숲이 우거진 곳에 많아요. 유충은 28페이지의 흰줄숲모기와 마찬가지로 버려진 타이어 등의 물웅덩이에서 자라 번식해요. 베란다에 빗물이 모인 화분 등이 있다면, 그곳이 발생원이 되는 경우도 있으니 주의가 필요해요. 참고로, 사람에게 다가오는 이유는 움직임, 냄새, 색, 열 등 때문이라고 해요. 어떤 연구에 따르면 어린 아이보다 성인이 물리기 쉽고, 땀을 많이 흘리는 사람이 물리기 쉽다고 해요.

대처법

만약 물렸다면

물리면 심하게 가렵지만 대다수는 시간이 지나면 잦아들어요. 다만, 병원체를 지닌 모기에게 물린 경우 병을 옮길 가능성도 있어 주의가 필요해요. 모기가 나올 법한 장소에 갈 때는 긴 소매를 입거나 모기 기피제를 사용하는 등 예방이 중요해요.

QUIZ

Q. 성충이 된 숲모기의 수명은 어느 정도인가요?
① 약 1주 ② 약 한 달
③ 약 삼 개월

정답은 다음 페이지에

집의 처마 밑에 서식하기도?

등검정쌍살벌

둥지를 자극하는 상대에게는 속공!

정보

이름	등검정쌍살벌	분류	곤충	몸길이	여왕벌 24mm 일벌 16~22mm
서식지	한국, 일본, 몽골				

정답 ② 약 한 달

위험도

독의 강도 ☠☠☠☠

마주할 확률 ☠☠☠☠☠

쌍살벌 중에서도 특히 대형이며 검은 몸에 짙은 오렌지색 문양이 있는 게 특징이에요. 두눈박이쌍살벌과 마찬가지로 나비나 모기 유충 등을 좋아하며, 그것들을 사냥해 둥지로 갖고 돌아오거나 유충에게 먹이로 줘요.

마을이나 집 주변에도 자주 출몰하는 쌍살벌이에요. 지붕 밑이나 나뭇가지 등에 회색 원형 둥지를 지어요. 쌍살벌 중에서 공격성이 꽤 높은 편이고, 둥지를 자극하면 당연히 집단으로 공격해요. 절대 장난쳐서는 안 돼요. 가을과 겨울에 걸쳐 둥지와는 다른 장소에 집단으로 모여 있는 경우가 있는데, 이때는 공격성이 없어 쓸데없이 무서워할 필요는 없어요. 육식 벌로서 야채를 좀먹는 해충을 먹는 일면도 있으며, 사람에게 익충으로 여겨지는 소중한 존재예요. 둥지가 멀거나 하여 위험하지 않은 경우에는 쓸데없이 구제할 필요는 없어요. 오히려 무리하게 구제하는 편이 쏘일 가능성이 있고 위험한 행위예요.

대처법

만약 쏘였다면

두눈박이쌍살벌과 마찬가지로 말벌과 비교하면 피해는 적어요. 하지만 쏘이면 상처에 극심한 고통이 일고 붉게 부풀어 올라요. 열이 나거나 의식에 이상을 보이는 경우 병원으로 가세요. 다가온 경우에는 손을 휘젓지 말고 자극하지 않은 채 천천히 그 장소에서 벗어나세요.

QUIZ

Q. 등검정쌍살벌과 종종 닮았다고 일컬어지는 벌은?

① 왕바다리
② 어리별쌍살벌
③ 두눈박이쌍살벌

정답은 다음 페이지에

초소형 독가시를 공중에 뿌려요

차독나방

유충~성충 모두 독이 있어요!

정보

이름	차독나방	분류	곤충	몸길이	유충 25mm 성충 15mm
서식지	한국, 일본, 중국, 대만				

정답 ① 왕바다리

위험도

독의 강도

마주할 확률

차독나방은 유충, 고치, 성충 모두 독을 지녀요. 유충은 공원이나 학교 등에도 있는 동백나무, 산다화 등의 잎을 먹기 때문에 가까운 곳에 많이 살고 있어요. 수십 마리가 무리를 짓고 있는 경우도 많아요.

고치와 성충 모두 독을 지녔지만 가장 피해가 큰 건 유충이에요. 유충은 갈색과 검은색의 독특한 모양을 하고 있고, 전신이 수많은 흰 털로 덮여 있어요. 이 털에는 독모가 달려 있어 직접 만졌을 때는 물론, 바람에 날려 온 것에만 닿아도 피해를 일으키기도 해요. 세탁물에 붙어 피해를 입은 경우도 있다고 해요. 유충의 발생 시기는 4월~6월, 7월~9월로 공원이나 학교에 있는 동백나무 잎에 모여 있는 경우가 많아요. 마구잡이로 구제하는 건 독모를 날려 위험해요. 차독나방의 구제는 불로 태우는 것이기에 절대 혼자 해서는 안 돼요. 만약 발견했을 때는 어른에게 알리세요.

대처법

만약 만졌다면

독모가 피부를 찔렀다면 심한 가려움과 두드러기 같은 붉은 좁쌀이 같이 올라와요. 2시간~3시간 정도 시간을 두고 증상이 나타나는 경우가 많고, 가려움이 가라앉기까지 2시간 정도 걸려요. 찔렸을 때는 즉시 접착테이프로 독모를 제거하고 물로 잘 씻어내세요.

QUIZ

Q. 차독나방의 독모 길이는 어느 정도인가요?

① 약 0.01mm

② 약 0.1mm

③ 약 1mm

정답은 다음 페이지에

KEEP OUT KEEP OUT

주택가에 대량 서식하기도!?

두눈박이쌍살벌

공격성은 낮지만 방심은 금물

정보

이름	두눈박이쌍살벌	분류	곤충	몸길이	여왕벌 18mm 일벌 15mm
서식지	한국, 일본, 중국, 몽골				

정답 ② 약 0.1mm

위험도

독의 강도 ☠☠☠☠

마주할 확률 ☠☠☠☠☠

두눈박이쌍살벌은 검은색 몸에 황색 얼룩무늬가 특징인 쌍살벌이에요. 마을에서도 지붕 밑 등에 둥지를 틀고 지내요. 유충의 먹이로 다른 곤충을 먹이기도 하지만, 꽃의 꿀도 좋아하는 듯해요.

일본 어디에나 서식해 마주할 일이 잦은 쌍살벌이에요. 마을이나 집 주변에 둥지를 틀기도 해요. 겨울을 넘긴 여왕은 처음에 홀로 둥지를 치기 시작해, 알을 낳고 일벌을 길러요. 일벌이 태어나면 모두 협력해 차례로 태어나는 유충을 돌보고, 그러면서 둥지가 커져요. 수컷과 일벌은 겨울을 넘기지 못하기 때문에 만약 봄에 두눈박이쌍살벌을 목격했다면 분명 여왕일 거예요. 공격성은 있지만 둥지를 건드는 등 자극하지만 않는다면 공격당할 일은 없어요. 말벌보다 피해는 적지만, 사람에 따라 심한 알레르기를 일으키기도 하니 방심해선 안 돼요.

대처법

만약 쏘였다면

두눈박이쌍살벌은 말벌과 비교해 몸이 작아요. 하지만 쏘이면 말벌과 마찬가지로 상처에 심한 고통이 일고 점점 붉게 부풀어 올라요. 물로 씻으면서 상처를 헹궈야 해요. 열이 나거나 상태가 안 좋아진 경우는 곧장 병원으로 가세요.

QUIZ

Q. 여왕 두눈박이쌍살벌이 동면 장소를 찾아 헤매다 쏘인 피해가 보고된 장소는 어디일까요?

① 환기팬 ② 세탁물 ③ 우체통

정답은 다음 페이지에

평생 독을 지니며 산다!

흰독나방

새하얀 몸에 맹독을 숨긴 나방

정보

이름	흰독나방	분류	곤충	몸길이	유충 25mm 성충 15mm
서식지	한국, 일본, 시베리아, 유럽				

정답 ② 세탁물

위험도

독의 강도

마주할 확률

성충은 새하얗고 보들보들한 귀여운 나방이지만, 실은 알~성충까지 평생 독을 지닌 위험한 생물이에요. 특히 벚꽃이나 매실나무를 먹는 유충은 학교나 공원 등에서 마주할 가능성이 높아요. 차독나방과 마찬가지로 독모가 있어요.

이름은 흰독나방이지만 결코 속아선 안 돼요. 20페이지의 차독나방과 마찬가지로 성충도 몸에 초소형 독침인 '독모'를 지녀 조금이라도 피부에 닿으면 심한 가려움과 발진을 일으켜요. 발생 시기는 일 년에 2번, 5월~6월과 8월~9월이에요. 야간에는 빛을 쫓아 날아들기 때문에 특히 주의해야 해요. 직접 만지지 않아도 피해를 입을 수 있어요. 차독나방과 비슷하게 생긴 유충이지만 벚꽃, 매실나무, 상수리나무, 졸참나무, 뽕나무 등 폭넓은 먹이를 선호해요. 알 모양이 옅은 갈색을 띠는 고치와 잎 뒷면에 낳은 알에도 독모가 있어요. 그럴싸한 것을 발견해도 절대 만지면 안 돼요! 참고로 독나방이라고 해도 모든 종이 위험한 건 아니에요.

대처법

만약 만졌다면

심한 가려움과 두드러기 같은 붉은 좁쌀이 퍼져 가라앉기까지 몇 주가 걸리기도 해요. 찔린 경우에는 접착테이프로 독모를 제거하고 물로 잘 씻어 응급 처치를 하세요. 증상이 심한 경우 병원으로 가세요.

QUIZ

Q. 흰독나방의 유충과 닮고 독이 없는 나방은 어느 것일까요?

① 사과칼무늬나방
② 배노랑버짐나방
③ 왕뿔무늬저녁나방

정답은 다음 페이지에

얌전하지만 장난은 금물!

양봉꿀벌

적이라고 여기면 목숨을 걸고 싸움에 임해요

정보

이름	양봉꿀벌	분류	곤충	몸길이	여왕벌 20mm 일벌 13mm
서식지	전 세계				

정답 ② 배노랑버짐나방

위험도

독의 강도

마주할 확률

옛날에 꿀 채집을 위해 유럽에서 들여온 벌로 일부를 제외하면 사육하고 있는 개체가 대부분이에요. 온순한 성격이지만 역시 둥지를 자극하면 공격하기 때문에 주의하는 게 좋아요.

여왕벌과 다수의 일벌로 무리를 짓는 양봉꿀벌은 일부를 제외하고 인간이 사육해, 지금은 전국에 서식하고 있어요. 오렌지색 몸의 복부에 줄무늬 모양이 있고, 다른 벌과 비교해 몸길이가 13mm로 작아요. 하지만, 적으로 간주하면 공격하기 때문에 얌전하다고 해도 장난쳐선 안 돼요. 꽃의 꿀이나 꽃가루를 모으는 듯한 벌이어도 자극은 금물이죠. 꿀벌은 침으로 사람을 공격하면 자신의 몸에도 치명적이라 한 번 공격하는 것만으로 죽음에 이르러요. 그들에게 있어서도 목숨을 건 싸움이죠. 그렇기 때문에 결코 좋아서 공격하는 게 아니에요. 둥지는 나무에 생긴 구멍 등 자연 속에 짓기도 하지만, 대다수는 겨울을 넘기지 못하고 죽어요.

대처법

만약 쏘였다면

쏘였다면 상처에 심한 고통이 일고, 주변에 붉은 발진이 일어나요. 상처에 침이 남아 있으므로 카드로 밀어서 뺀 후, 물로 상처를 헹구세요. 쏘인 뒤 30분~40분 동안은 상태를 보고, 안 좋아지거나 숨쉬기 힘들어지면 병원으로 가세요.

Q퀴즈

Q. 여왕 양봉꿀벌의 평균 수명은?

① 2~3년 ② 4~5년 ③ 5~6년

정답은 다음 페이지에

가장 친숙한 흡혈귀?

흰줄숲모기

살며시 다가와 소리 없이 피를 빨아요

정보

이름	흰줄숲모기	분류	곤충	몸길이	4.5mm
서식지	한국, 일본, 대만, 프랑스 등				

정답 ① 2~3년

위험도

독의 강도 ☠

마주할 확률 ☠☠☠☠☠

일본에서 가장 일반적인 모기 종이에요. 집 주변, 공원, 호수나 물웅덩이 등 어디에도 출몰해요. 검은 몸에 하얀 줄무늬 모양이 있는 것이 특징이고, 성충 암컷은 바늘처럼 뻗은 입으로 사람과 애완동물의 피를 빨아요.

여름~가을에 걸쳐 심한 가려움과 상처가 볼록 튀어나오는 증상이 나타났다면, 이 흰줄숲모기가 원인일지도 몰라요. 일본 국내에서는 옥외는 물론 집안에서도 물리는 일이 잦을 정도로 친숙한 생물이에요. 그들은 인간이나 애완동물에게 살며시 다가가 피부에 바늘 같은 입을 소리 없이 찔러요. 그리고 동시에 몸 안에 타액을 주입하죠. 이 타액이 가려움의 원인이라고 해요. 피를 빠는 건 성충 암컷뿐이고, 수컷과 유충은 해가 없어요. 유충은 남은 음료가 있는 빈 깡통이나 빈 병, 화분의 물받이 등 물이 적은 웅덩이에서도 발생해요. 사람이 생활하는 여러 장소에 출몰하는 흡혈귀죠.

대처법

만약 물렸다면

심한 가려움과 붉은 부기가 나타나면 벌레 물림 약 등을 바르세요. 긁으면 가려움이나 부기가 악화되기 때문에 주의하세요. 또, 증상이 심한 경우 즉시 병원으로 가세요. 벌레에 물렸다고 해서 방심해선 안 돼요. 사람에 따라 알레르기 증상으로 발열이나 넓은 부위에 부기가 일기도 해요.

QUIZ

Q. 모기가 흡혈에 사용하는 입은 사실 몇 개의 바늘이 모여서 만들어진 거예요. 몇 개일까요?

① 4개 ② 5개 ③ 6개

정답은 다음 페이지에

많이 먹으면 중독된다!?

은행나무

실은 만지기만 해도 위험한 열매

정보

종 : 식물
높이 : 15~30m
분포 : 한국, 일본, 중국

위험도

독의 강도 ☠☠☠

마주할 확률 ☠☠☠☠☠

마을의 가로수나 공원 등에서 쉽게 볼 수 있는 수목이에요. 매년 가을, 부채 모양의 잎이 노란색으로 물들어요.

대처법

만약 먹었다면

구역질이나 경련 등 중독 증상이 나타났다면 병원으로 가세요. 과거에 사망한 사람이 있을 정도로 중대한 위험성이 있어요. 바깥에 떨어진 은행을 직접 만지면 피부에 발진이 일어나기도 하니 주의하세요!

정답 ③ 6개

마을 안에 심어진 은행나무지만, 매년 가을이 되면 맺히는 은행이라는 종자를 주의해야 해요. 바깥 껍질을 까서, 안에 있는 단단한 껍데기를 벗기면, 그 안에 노란색 열매가 있어요. 열매는 식용이지만 '징코톡신'이라는 독이 포함돼 있어요. 너무 많이 먹으면 중독 증상이 나타나기 때문에 위험을 피하려면 어린아이는 먹지 않는 게 좋아요.

저녁이 되면 꽃을 피우는 야행성 식물

분꽃

입에 넣으면 복통이나 구역질을 유발해요!

정보

종 : 식물

높이 : 1m

분포 : 한국, 일본, 남아메리카

위험도

독의 강도

마주할 확률

길이나 공원에도 종종 심어져 있는 분홍색, 노란색, 흰색 등의 꽃이에요. 저녁이 되면 꽃을 피우는 야행성이죠.

대처법

만약 먹었다면

뿌리와 종자에 독이 있어요. 입에 넣지 않는 한 문제는 없지만, 몸 안에 독성분이 들어오면 복통이나 구역질을 유발하는 중독을 일으켜요. 만약의 경우 바로 병원으로 가세요.

일본에서는 에도 시대(1603~1867)에 열대 아메리카 지방에서 들여온 꽃이에요. 몇 년에 걸쳐 꽃이 피는 다년초 식물이에요. 꽃 피는 계절이 지나면 꽃 안에서 하얀 가루가 나오는 검은 종자가 맺혀요. 뿌리, 종자에 '트리고넬린'이라는 독이 있고, 입에 직접 넣으면 중독 증상을 일으키기도 하니 기억해 두세요.

예쁜 꽃이 피는 위험한 나무

붓순나무

맹독이 있는 별 모양 열매는 특히 주의하세요!

정보

종 : 식물
높이 :2~7m
분포 : 한국, 일본, 중국, 대만

위험도

독의 강도 ☠☠☠☠☠

마주할 확률 ☠☠☠

한 해 동안 가지에 녹색 잎이 돋아나고, 봄이 되면 잎이 달린 뿌리에서 크림색 꽃이 피어요. 나무 전체에 독이 있어요.

대처법

만약 먹었다면

열매에 '아니사틴'이라는 맹독이 있어 이를 섭취할 경우 경련, 구역질, 의식 장애 등이 일어나 죽음에 이르기도 해요. 곧장 병원으로 가세요.

크림색의 예쁜 꽃을 피우고, 별 같은 모양을 띠는 열매가 맺혀요. 하지만 전체에 유독 성분이 있는 무서운 나무예요. 열매는 중화요리에 쓰이는 '팔각'이라는 향신료와 닮았지만, 절대 입에 대서는 안 돼요! 실수로 섭취한 사람이 사망한 피해 사례도 있을 정도예요.

주택가
공원·도심 녹지
산
물속
일본 오키나와

무서운 본성을 숨기고 있어요

브루그만시아

꽃의 달콤한 향기에 속지 마세요!

정보

종 : 식물

높이 : 3~4m(꽃은 길이 20~30cm)

분포 : 한국, 일본(원예 재배)

위험도

독의 강도 ☠☠☠☠

마주할 확률 ☠☠☠

봄에서 가을에 걸쳐 아래 방향으로 축 처진 나팔 모양의 꽃을 피워요. 관상용으로 재배되는 경우가 많아요.

대처법

만약 먹었다면

실수로 먹은 경우 구역질, 경련, 호흡이 막히는 등 위험한 중독 증상이 나타나요. 곧장 병원으로 가세요.

열대 아메리카 재래종으로 종종 원예로 정원에서 재배돼요. 큰 꽃은 길이 30cm에 달해요. 몇 년에 걸쳐 꽃을 피우는 다년초예요. 예쁘고 달콤한 향기가 나는 꽃이지만, '스코폴라민'과 '히오시아민' 등의 맹독을 식물 전체에 지닌 무서운 본성이 숨겨져 있어요.

맛있어 보이는 과실에도 맹독이 있어요!

미국자리공

친숙한 야채와 과일을 닮은 독초

정보

종 : 식물
높이 : 1~2m
분포 : 한국, 일본

위험도

독의 강도 ☠☠☠☠

마주할 확률 ☠☠☠

종종 길바닥과 공터에 자라기도 해요. 뿌리는 우엉 같은 모양을 띠고 가을에 검은 보랏빛 열매가 맺혀요.

대처법

만약 먹었다면

'사포닌'이라는 독이 있으며 먹으면 복통, 구역질, 설사, 경련 등 중독 증상이 나타나고 다량을 섭취하면 사망할 위험성도 있어요. 곧장 병원으로 가세요!

북아메리카가 원산지인 미국자리공이라는 식물이에요. 6월~9월에 하얀색 또는 옅은 분홍색의 작은 꽃이 커다란 잎 틈으로 처지듯 줄기 끝에 피어요. 꽃 피는 계절이 끝나면 열매가 검은 보랏빛으로 변하면서 부드러워져요. 열매는 블루베리를 닮았지만 먹으면 위험해요. 우엉과 똑 닮은 뿌리도 주의가 필요해요.

작고 귀여워 보이는 꽃에도 독이!

마취목

갓 태어난 붉은 떡잎을 주의!

정보

종 : 식물

높이 : 1~6m

분포 : 한국, 일본, 중국, 대만

위험도

독의 강도 ☠☠☠☠

마주할 확률 ☠☠☠☠☠

정원이나 화분에서 종종 재배되며, 꽃을 다소 낮은 데서 피우는 나무예요. 산지에 자생하기도 해요.

대처법

만약 먹었다면

'아세보톡신'이라는 독이 있으며 먹으면 침, 구역질, 몸의 감각이 사라지는 신경 마비 등의 중독 증상을 일으켜요. 곧장 병원으로 가세요!

4월~5월에 은방울꽃 같은 작은 꽃이 포도송이처럼 축 처지며 피어요. 마취목은 윤기 있는 녹색 잎과 더불어 매우 아름답지만, 전체에 독이 있어요. 공원 등 친숙한 장소에 있는 나무이기 때문에 실수로 먹지 않게 주의하세요. 애완동물도 가까이하면 위험해요.

KEEP OUT KEEP OUT

예쁜 꽃에도 독이 있다……?

수국

아직 정체불명인 맹독 성분

정보

종 : 식물
높이 : 1~3m
분포 : 한국, 일본, 중국

위험도

독의 강도 ☠☠☠

마주할 확률 ☠☠☠☠☠

매년 장마철이 되면 꽃을 피우는 아주 친숙한 키 작은 나무예요. 자라는 장소의 흙 성분에 따라 꽃의 색깔이 달라요.

대처법

만약 먹었다면

수국 잎을 먹고 중독 증상에 걸린 사람은 식후 30분 정도 후 이상을 보인다고 해요. 구역질, 현기증, 얼굴이 새빨개지는 등의 증상이 나타난다고 해요. 일단 병원으로 가세요!

6월~7월에 하양, 옅은 청색, 보라 등의 부드러운 색을 띠는 꽃을 피워요. 주변이 들쭉날쭉한 커다란 잎은 요리에 자주 쓰이는 차조기 잎을 닮았지만, 사실 수국의 잎에는 독이 있다고 해요. 여태 수국 잎을 먹고 중독 증상에 걸린 사람이 여럿 있었지만, 어떤 독이 있는지는 아직 알려져 있지 않아요.

오염에도 굴하지 않는 강한 나무지만……

협죽도

꺾은 가지를 태우면 연기도 독이 돼요

정보

종 : 식물

높이 : 2.5~6m

분포 : 한국, 일본, 대만

위험도

독의 강도 ☠☠☠☠☠

마주할 확률 ☠☠☠☠☠

하양, 빨강, 분홍색 꽃을 피우는 인도산 나무. 공기 오염, 건조에도 견디는 강한 성질이 있으며 고속도로 길가에도 자라요.

대처법

만약 먹었다면

'올레안드리게닌' 등의 독성분이 있으며 먹으면 두통, 현기증, 구역질, 경련 등의 중독 증상이 일어나요. 병원에서 검사받으세요.

잎은 가늘고 길면서도 둥글고, 6월~9월에 약 4cm의 프로펠러 모양 꽃을 피워요. 공원이나 교정에도 심어진 친숙한 나무지만 꽃, 잎, 가지, 뿌리, 종자 모두에 맹독이 있어요. 독은 바비큐 고기를 꽂는 꼬챙이 대신 협죽도의 가지를 쓰는 것만으로도 중독 증상을 일으킬 정도로 강력해요. 꺾은 가지를 태우면 그 연기도 독이 돼요.

평소에도 먹는 감자에 독이?

감자

감자도 중독으로 죽음에 이를 수 있어요

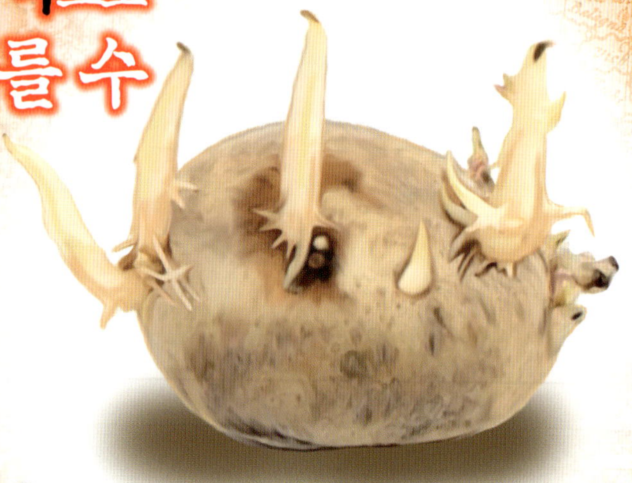

정보

종 : 식물
높이 : 50~60cm
분포 : 한국, 일본(온대지방 재배)

위험도

독의 강도
마주할 확률

6월~7월에 꽃을 피워 여름~가을에 걸쳐 '땅속줄기'라는 감자가 되는 부분이 전분을 잔뜩 머금고 커져요.

대처법

만약 먹었다면

독에 중독되면 구역질, 복통 등의 증상이 나타나며 심한 경우 의식을 잃고 사망에 이를 가능성도 있어요. 먹었다면 곧장 병원으로 가세요.

평소에도 먹는데 독이 있다니 믿을 수 없어! 그렇게 생각할지도 모르겠어요. 하지만 감자로 중독 증상을 호소하는 사람은 거의 매년 있어요. 빛을 받아 껍질이 옅은 황록색이나 녹색으로 변색된 감자에서 돋아난 싹에는 '솔라닌'이라는 알칼로이드 독이 있어요. 먹을 때는 이를 주의해 요리하세요.

아름다운 꽃에 독이 있어요!

석산

가을에 돌연 모습을 드러내는 유독 식물

정보

종 : 식물
높이 : 30~50cm
분포 : 한국, 일본

위험도

독의 강도 ☠☠☠

마주할 확률 ☠☠☠

추분 전후 3일간 경 꽃을 피우는 것에서 이름이 붙여졌어요. 종종 길바닥에 무리 지어 자생하기도 해요.

대처법

만약 먹었다면

만지는 건 괜찮지만 절대 먹어서는 안 돼요. 특히 알뿌리에 강한 독이 있고 먹으면 구역질과 설사, 심한 경우 신경이 마비될 가능성도 있어요. 병원으로 가세요.

꽃이 지는 계절이 다가오면 끝에 꽃봉오리를 맺은 줄기가 돌연 지상에 나타나요. 하루에 몇 cm나 성장하며 꽃잎이 꺾인 붉은 꽃을 피워요. 일주일 안에 순식간에 시들고, 그 후 가느다란 짙은 녹색 잎이 돋아나요. 석산은 아름답지만 전체에 '알칼로이드'라는 독이 있어 먹을 수 없어요.

수선화

부추로 착각해 먹으면 큰일나요

정보

종 : 식물
높이 : 30~50cm
분포 : 한국, 일본, 중국, 지중해

위험도

독의 강도 ☠☠☠

마주할 확률 ☠☠☠☠☠

색이나 형태가 다른 다양한 품종이 있어요. 정원이나 공원에서 재배되지만 길바닥에 자생하는 종도 많아요.

대처법

만약 먹었나면

잎이 부추와 산달래를 닮아 실수로 먹는 사람이 있어요. 수선화에 있는 '리코린' 등의 독은 구역질 등의 중독을 일으켜요. 곧장 병원으로 가세요!

일본에서 수선화라고 하면 하얀 꽃잎에 노란 나팔꽃 부관이 달린 일본수선화가 있어요. 꽃과 잎이 시들어도 다음 해에 같은 장소에 또 자라는 다년초예요. 가늘고 길며 약간 두께가 있는 잎이 부추를 닮았지만, 이를 먹으면 중독 증상을 일으켜요. 잎과 줄기를 잘랐을 때 나오는 유액도 닿으면 피부에 염증을 일으켜요.

독도 약도 되는 신기한 식물

남천

길한 나무도 방심은 금물!

정보

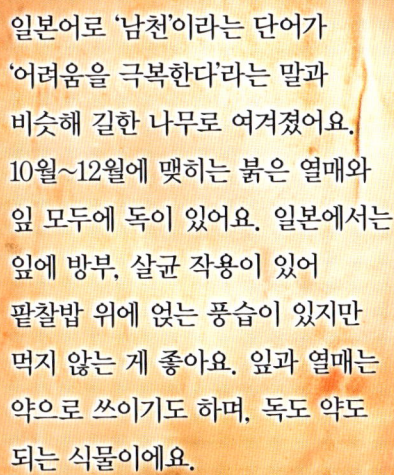

종 : 식물
높이 : 1~3m
분포 : 한국, 일본, 중국, 인도

위험도

독의 강도
마주할 확률

야생에 서식하는 키 작은 중국산 나무로, 정원에서 종종 재배돼요. 예로부터 약으로 쓰였어요.

대처법

만약 먹었다면

열매를 먹으면 경련과 신경 마비 등을 일으키기도 해요. 열매와 잎은 생약으로 쓰이지만, 의사의 처방이 필수예요.

일본어로 '남천'이라는 단어가 '어려움을 극복한다'라는 말과 비슷해 길한 나무로 여겨졌어요. 10월~12월에 맺히는 붉은 열매와 잎 모두에 독이 있어요. 일본에서는 잎에 방부, 살균 작용이 있어 팥찰밥 위에 얹는 풍습이 있지만 먹지 않는 게 좋아요. 잎과 열매는 약으로 쓰이기도 하며, 독도 약도 되는 식물이에요.

예리한 잎을 지닌 살아 있는 화석

소철

맛있어 보이는 붉은 씨앗에 속지 마세요!

정보

종 : 식물
높이 : 2~5m
분포 : 한국, 일본, 중국

위험도

독의 강도

마주할 확률

따뜻한 기후에 자생하는 야자를 닮은 관목이에요. 잎이 줄기 끝에서부터 퍼지듯 자라요.

대처법

만약 먹었다면

옛날 사람은 종자를 먹었다고 하지만, 종자와 줄기에 '사이카신'이라는 독이 다량 함유돼 있어요. 먹으면 구역질, 현기증, 호흡 곤란 등의 증상이 나타나요. 먹었다면 서둘러 병원으로 가세요.

잎은 바늘처럼 예리한 소엽이 모여 이뤄져 있어요. 중생대부터 번성한 살아 있는 화석이죠. 가을에 크기 4cm 정도인 살짝 맛있어 보이는 붉은색 열매가 맺히는데, 이 열매에 '사이카신'이라는 독이 있어요. 일부 지방에서는 먹을 게 없던 시절 종자에서 독을 제거하고 먹으며 가뭄을 견뎠다고 해요.

세계에서 사랑받는 아름다운 나무에도 위험이

진달래

꿀에 중독되는 경우도 있다!

정보

종 : 식물

높이 : 1~7m

분포 : 한국, 일본(오키나와 제외)

위험도

독의 강도

마주할 확률

봄에 꽃을 피우는 나무로 색과 모양이 다른 다양한 종이 있어요. 재배용도 있지만, 다양한 장소에 자생해요.

대처법

만약 먹었다면

중독되면 구역질, 설사, 경련 등의 증상을 일으키므로, 병원으로 가세요. 꿀벌이 운반해 온 진달래 꿀에 중독될 수도 있어요.

4월~5월에 빨강, 하양, 분홍 등의 꽃을 피우는 진달래. 그 아름다움은 전 세계에서 인기를 끌어 지역에 따라 다양한 종이 재배되고 있어요. 하지만 잎과 꿀에 독이 포함되어 있으니 주의하세요. 잎을 건조해 자택에서 만든 차나 외국산 토종꿀을 섭취했다가 중독된 사람도 있어요.

잠깐! 그거 진짜 먹을 수 있는 채소야?

콜키쿰

사망 사고가 다수 발생한 초강력 맹독 식물

정보

종 : 식물
높이 : 20~30cm
분포 : 한국, 일본, 중국, 유럽

위험도

독의 강도 ☠☠☠☠☠

마주할 확률 ☠☠☠☠

개인 정원과 공원에서 종종 재배돼요. 곧게 뻗은 줄기에서 분홍과 청자색 꽃이 피어요.

대처법

만약 먹었다면

잎과 알뿌리가 다른 채소를 닮아 먹는 사람이 있는데, 구역질과 설사 등의 중독 증상을 일으키고 죽음에 이르기도 하니 곧장 병원으로 가세요!

가을에 줄기를 뻗어 아름다운 꽃을 피우고, 봄이 되면 밝은 녹색 잎이 지면에서 자라요. 겉보기에는 아름답지만 꽃, 줄기, 잎, 알뿌리 모두에 독이 있어요. 잎은 울릉산마늘이라는 파 종류와, 알뿌리는 마늘과 감자로 착각해 먹는 사고가 연달아 일어나고 있으니 주의하세요.

가려움과 물집을 유발하는 독을 지녔어요

앵초

귀여운 꽃이지만, 만지면 위험해요!

정보

종 : 식물

높이 : 15~40cm

분포 : 한국, 일본, 중국(북동부)

위험도

독의 강도 ☠

마주할 확률 ☠☠☠☠☠

앵초는 수백에 달하는 품종이 있으며, 프리뮬러라는 이름이 붙여진 것도 판매되고 있어요.

대처법

만약 만졌다면

잎과 줄기를 만지면 가려움과 물집 등의 증상이 나타나기도 해요. 증상이 나타나면 병원으로 가세요.

'고전 원예 식물'이라고 불릴 정도로 일본에 오래 전부터 심어진 앵초에도 실은 독이 있어요. 친숙한 식물로 원예 가게에서 앵초나 프리뮬러라는 이름으로 수많은 원예 품종이 판매되고 있어요. 잎이나 줄기에 독이 있기 때문에 앵초를 만질 때는 고무장갑을 착용해 맨살이 노출되지 않도록 해요.

가련한 꽃은 특히 강한 독을 지녔어요!

은방울꽃

겉보기에만 가련한 꽃!

정보

종 : 식물
높이 : 15~35cm
분포 : 한국, 일본, 중국, 동시베리아 등지

위험도

독의 강도 ☠☠☠

마주할 확률 ☠☠☠☠

울릉산마늘로 착각해 먹는 사례가 있어요. 꽃꽂이한 물을 마셔도 중독을 일으킬 수 있으니 주의하세요!

대처법

만약 먹었다면

특히 잎과 뿌리에 독이 강하다고 여겨지며 섭취하면 구역질, 두통, 심부전 등의 증상이 나타나요. 상기 증상이 나타난 경우 신속히 병원으로 가세요.

프랑스에서 사랑하는 사람에게 선물하는 풍습이 있는 은방울꽃. 그 가련한 겉모습과 강한 향 덕분에 관상용으로 인기가 있지만, 실은 풀 전체에 독이 있어요. 붉은 열매도 맛있어 보이지만, 이것에도 독이 있어요. 꽃을 꽂꽂이한 물을 마시기만 해도 중독을 일으키기 때문에 사람뿐만 아니라 애완동물도 주의가 필요해요.

식용으로 친숙한 과실에도 독이!

매실나무

생으로 먹지 마세요, 먹으면 고통스러워요!

정보

종 : 식물

높이 : 4~7m

분포 : 한국, 일본, 중국

위험도

독의 강도 ☠☠☠

마주할 확률 ☠☠☠☠

대량의 덜 익은 매실 또는 종자를 씹어 먹은 경우에만 위험해요. 열매를 먹은 정도로는 중독될 위험성이 낮다고 해요.

대처법

만약 먹었다면

갓 자란 매실나무 열매를 대량으로 먹으면 현기증, 구역질, 심한 한기, 두통, 경련 등이 일어날 수 있어요. 증상이 나타난 경우 신속히 병원으로 가세요.

봄을 한발 빨리 알리는 꽃으로 유명한 매실나무. 열매도 우메보시(매실 장아찌)나 매실주로서 친숙하지만, 덜 익은 매실 자체에는 '아미그달린'이라는 독성분이 포함돼 있어요. 먹으면 몸 안에서 가수 분해돼 맹독인 '청산가리'로 변해요. 다만, 매실주로 쓰이는 푸른 열매나 우메보시 종자는 독성분이 분해되어 먹을 수 있어요.

풀 전체에 독! 수액도 피부염을 일으켜요

왜젓가락풀

가련한 노란 꽃의 정체는…!

정보

종 : 식물
높이 : 30~60cm
분포 : 한국(남부지방·제주도), 일본, 중국, 대만

위험도

독의 강도 ☠

마주할 확률 ☠☠

같은 미나리아재비속의 미나리아재비나 개구리자리도 유독 식물이에요. 미나리로 착각하는 일도 있으니 주의해야 해요.

대처법

만약 만졌나면

만진 부위를 재빨리 씻어 내고, 항히스타민제가 포함된 스테로이드 연고를 바르세요. 잘 낫지 않는 경우나 실수로 먹은 경우 병원에 가세요.

미나리아재비과 미나리아재비속 다년초예요. 강이나 물가에 가까운 습한 장소 등에서 본 적 있는 사람도 많지 않나요? 작고 노란 꽃이 매우 사랑스럽지만, 풀 전체의 수액 안에 '프로토아네모닌'이 포함돼 있어 피부에 닿으면 염증을 일으키는 건 물론 먹으면 급성 위염, 설사, 구토를 일으켜요.

제 2 장

공원·도심 녹지에서 마주하는 맹독 생물

아버지나 어머니, 친구와 노는 공원. 게다가 도심 녹지(도시의 나무가 자라는 장소나 풀밭, 물가 등 식물이 많은 장소)에도 실은 맹독 생물이 숨어 있어요. 꼭 주의하세요!

선명한 노란색은 위험하다는 증거!

왕바다리

쌍살벌계 폭군

정보

이름	왕바다리	분류	곤충	몸길이	여왕벌 24mm 일벌 20mm
서식지	한국, 일본, 중국				

위험도

독의 강도 ☠☠☠☠

마주할 확률 ☠☠☠☠

* 일본에서의 경우입니다.

쌍살벌은 공격적인 종이 많지 않지만, 왕바다리와 등검정쌍살벌은 예외예요. 둥지를 건드리거나 몸에 위협을 느끼면 일제히 공격해요. 위험하니 둥지에 장난쳐서는 안 돼요.

왕바다리는 말벌보다 작고 가늘고 길며, 전신이 선명한 노란색 줄무늬로 덮여 있는 게 특징이에요. 일본 재래 쌍살벌 중 가장 많이 보이는 종이며 주로 산 근처나 민가의 처마 밑, 하천 하류, 나뭇가지 등에 원형 둥지를 짓고 생활해요. 자극하지 않는 한 온순하며, 기본적으로 먼저 공격해 오는 경우는 없지만 실수로 둥지를 자극했다면 큰일이에요. 일벌이 둥지에서 튀어나와 공격을 시작해요. 독 자체로 사망하는 경우는 없지만, 사람에 따라서는 심한 알레르기 증상이 일어나기도 해요. 최악의 경우에는 죽음에 이르기도 하기 때문에 경계해야 해요. 참고로, 쌍살벌의 둥지는 육각형 모양의 구멍이 잘 보여요.

대처법

만약 쏘였다면

둥지를 자극했다면 한시라도 빨리 달려 그 장소로부터 도망치세요. 그 후, 상처를 물로 헹구고 식히며 상태를 보세요. 항히스타민 연고를 바르고, 만약 두통이나 구역질이 난다면 곧장 병원으로 가세요.

QUIZ

Q. 쌍살벌을 자극하는 색은 무엇일까요?

① 노란색 ② 검은색 ③ 하얀색

정답은 다음 페이지에

소나무의 작은 나뭇가지에 숨은 무서운 자객

솔나방

심한 고통과 더불어 가려움을 일으켜요

정보

이름	솔나방	분류	곤충	몸길이	45~90mm
서식지	한국, 일본				

정답 ② 검은색

위험도

독의 강도 ☠☠☠

마주할 확률 ☠☠☠☠

전신은 수수한 은색으로 보통 소나무의 작은 가지에 스며들듯 살고 있어요. 개중에는 탈피를 반복해 검게 된 개체도 있어요. 고치가 돼도 유충 때의 독모가 표면에 붙어 있어 만져선 안 돼요.

유충은 소나무, 곰솔, 당송 등에 붙어 살면서 피해를 입히는 해충이에요. 시가지에도 서식하며 마디가 많은 전신이 마치 작은 나뭇가지처럼 보여요. 그 때문에 자칫 손으로 만질 위험성이 높은 심상치 않은 녀석이에요. 호기심에 만질 사람은 없을 듯하지만, 절대로 맨손으로 만져선 안 돼요. 독모가 있으며, 만진 순간에 심한 고통이 일어요. 게다가 두드러기 같은 증상을 일으키기도 해요. 독모는 매우 가늘기 때문에 섬유 틈으로 비집고 들어올 가능성도 있어요. 찔린 후 2주~3주간은 강렬한 가려움이 일기 때문에 이 또한 까다로운 녀석이에요. 사람에 따라서는 열이 나기도 하기 때문에 주의하는 게 좋아요.

대처법

만약 만졌다면

환부에 접착테이프를 붙여 독모를 깔끔히 제거하세요. 물로 환부를 깨끗이 한 후 스테로이드제가 들어간 연고를 바르세요. 항히스타민제는 효과가 없기 때문에 주의하세요. 발열 등 증상이 심한 경우에는 곧장 병원으로 가세요.

QUIZ

Q. 솔나방의 한국, 일본 이외 서식지는 어디일까요?

① 아마존 ② 이집트 ③ 시베리아

정답은 다음 페이지에

무서운 오렌지색 녀석!

청색하늘소붙이

자극하면
독액을 분사해요!

정보

이름	청색하늘소붙이	분류	곤충	몸길이	13mm
서식지	한국, 일본				

정답 ③ 시베리아

위험도

독의 강도

마주할 확률

5월~8월경 시가지와 산지에서 관찰돼요. 낮 동안에는 움직임이 느리고, 잎 뒷면에 숨어 있거나 꽃의 꿀을 먹어요. 밤이 되면 빛을 향해 날아들기 때문에 집 안으로 들어오기도 해요.

하늘소붙이에 속하는 종은 매우 많으며, 일본에서만 약 40종이 발견되었어요. 청색하늘소붙이는 머리와 앞가슴이 오렌지색을 띠며, 날개는 금속처럼 반짝이는 녹색을 띠는 것이 특징이에요. 만지는 등 자극을 하면 몸의 관절에서 액체를 내뿜어 저항해요. 액체에는 '칸타리딘'이라는 독성분이 포함돼 있기 때문에 만지면 안 돼요. 액체가 피부에 닿으면 몇 시간 후 붉게 부풀어 올라, 이윽고 화상을 입은 듯한 물집이 생겨요. 이 벌레가 몸에 붙었을 때는 자극하지 않도록 살짝 털어 버리세요. 절대 자극하거나 밟지 않는 게 안전해요. 청색하늘소붙이 이외의 하늘소붙이도 독이 있으니 주의하세요.

대처법

만약 만졌다면

그물망 등으로 집 안으로의 침입을 막고, 발견해도 만지지 마세요. 만약 벌레가 뿜은 액체가 닿았다면 우선 그 부분을 잘 헹구세요. 벌레 물림 약을 바르는 것도 좋지만, 증상이 심한 경우에는 병원에 가는 게 좋아요.

QUIZ

Q. 하늘소붙이 종 중 실제 존재하지 않는 건 어느 것일까요?

① 노랑하늘소붙이
② 검은하늘소붙이
③ 분홍하늘소붙이

정답은 다음 페이지에

독 있는 방귀를 안개처럼 분사해요

폭탄먼지벌레

100도의 고온 가스로 상대방을 공격해요

정보

이름	폭탄먼지벌레	분류	곤충	몸길이	15~17mm
서식지	한국, 일본, 중국				

정답 ③ 분홍하늘소붙이

위험도

독의 강도 ☠☠

마주할 확률 ☠☠☠☠☠

4월~10월에 걸쳐 평지와 낮은 산의 다소 습한 장소에서 마주하기 쉬워요. 기본적으로 밤에 활동하는 경우가 많지만, 낮에 활동하기도 해요. 다른 곤충이나 동물의 사체, 떨어진 과일 등을 먹어요.

폭탄먼지벌레는 먼지벌레 중에서도 가장 유명한 종이에요. 유충일 때는 땅강아지라는 곤충의 알껍데기를 부수고 그 안에 든 액체를 양분으로 삼아 자라요. 낮에는 바위나 잎사귀 뒤에 숨어 지내요. 외부 적에게 공격받으면 '슉' 하는 소리와 함께 엄청난 악취를 풍기는 독가스를 엉덩이에서 안개처럼 뿌려요. 방귀는 순간적으로 100도에 달한다고 해요. 이것이 피부에 닿으면 뜨거움과 더불어 찌릿찌릿한 아픔이 느껴져요. 강력한 방귀를 뀌기 때문에 '방귀벌레'라고 불리기도 해요. 엉덩이 끝의 방향을 바꿀 수 있어 방귀를 분사하는 방향을 자유자재로 바꿀 수 있어요.

대처법

만약 액을 뒤집어썼다면

발견해도 자극해서는 안 돼요. 방귀가 피부에 닿으면 그 부분이 적갈색으로 변색돼요. 찌릿찌릿한 감각이 느껴지고 때에 따라서는 물집이 생기기도 해요. 만약 액체가 눈에 들어갔다면 물로 제대로 헹구고 병원으로 가세요.

QUIZ

Q. 폭탄먼지벌레가 독가스를 내뿜어서 이 동물의 뱃속에서 탈출한 사례가 있다고 해요. 이 동물은 무엇일까요?

① 참새 ② 돼지 ③ 두꺼비

정답은 다음 페이지에

강에 갈 때 조심하세요

파리매

물리면 위험한 흡혈 곤충

정보

이름	파리매	분류	곤충	몸길이	2mm~4mm
서식지	한국, 일본				

정답 ③ 두꺼비

위험도

독의 강도 ☠☠

마주할 확률 ☠☠☠☠☠

봄에서 가을에 걸쳐 각지에서 관찰돼요. 주로 삼림이나 강가 등에 서식하기 때문에 캠핑이나 등산 등 실외에서 물리는 경우가 많아요. 인간 등의 동물을 공격하는 건 모기와 마찬가지로 암컷뿐이에요.

지역에 따라 '파리매', '먹파리' 등으로도 불려요. 일본에는 약 60종이 서식하고 있지만, 전 세계에는 1,000종~1,400종이라고 해요. 파리매가 무서운 이유는 모기처럼 물기 때문이 아니라, 심한 부기와 가려움을 일으키기 때문이에요. 혈액을 빨 때 타액이 주입되고, 그것이 원인이 되어 부기와 가려움이 일어요. 이는 타액에 의한 알레르기 반응이며, 사람에 따라 증상의 정도가 달라요. 모기와는 달리 가까이 와도 소리가 크게 나지 않기 때문에 모르는 새 물리는 경우도 많아요. 벌레 쫓는 스프레이로 어느 정도 예방할 수 있으므로 캠핑이나 등산 등에서 파리매가 걱정될 때는 스프레이를 미리 뿌려두세요.

대처법

만약 물렸다면

물리면 심한 가려움이 일어요. 재빨리 항히스타민 성분이 든 약을 바르세요. 부기나 가려움은 1주~2주 정도 이어져요. 심한 가려움 탓에 긁어 곪는 경우도 있으니 심하면 병원으로 가세요.

QUIZ

Q. 파리매는 어디에 속할까요?

① 파리 ② 벌 ③ 노린재

정답은 다음 페이지에

일본에서 가장 큰 지네!

붉은머리왕지네

거대한
턱으로 무는
뛰어난 사냥꾼!

정보

이름	붉은머리왕지네	분류	다족류	몸길이	8~15cm
서식지	한국, 일본				

정답 ① 파리

위험도

독의 강도 ☠☠☠☠

마주할 확률 ☠☠☠☠☠

봄에서 가을에 걸쳐 활동하는 커다란 지네로, 집에서 발견되기도 해요. 썩은 나무나 바위 밑 등에 종종 숨어 있기도 하죠. 곤충뿐만 아니라 작은 개구리나 쥐를 먹기도 하는 육식 동물이에요.

'왕지네'라고도 불리는 일본에서 가장 큰 지네예요. 거대한 턱으로 먹잇감을 잡고 독을 주입해요. 물리면 격한 고통이 느껴지고, 부기와 피부 염증이 일어나요. 그리고 자국이 두 군데 생겨요. 독이 몸에 들어오면 심한 알레르기 증상을 일으키기도 하니 걱정될 때는 병원으로 가세요. 산과 가까운 장소에 살면 밤에 집 안으로 침입하기도 해요. 또한, 캠핑할 때도 밤에 텐트 안으로 침입하기도 해요. 습기가 있고 온도가 안정된 곳을 좋아해서 집과 신발, 이불, 텐트 등을 선호해요. 곤충을 채집하러 썩은 나무나 바위를 뒤집을 때 주의하세요. 뒤에 있을 가능성이 있어요.

대처법

만약 물렸다면

물리면 43~46°C 정도(목욕탕 물보다 조금 더 뜨거운 정도)의 물로 상처를 헹구세요. 항히스타민 성분이 들어 있는 연고를 바르고, 두통이나 염증이 심한 경우 병원으로 가세요. 지네가 있을 법한 좁은 틈에는 무심코 손을 넣지 않는 것도 중요해요.

QUIZ

Q. 중국에서는 귀중한 생물로 여겨지는 지네, 무엇에 쓰이고 있을까요?

① 과자 ② 한방약 ③ 비료

정답은 다음 페이지에

주택가
공원·도심 녹지
산
물속
일본 오키나와

지독한 독액을 분사해 반격해요

고운까막노래기

정보

이름	고운까막노래기	분류	다족류	몸길이	20mm
서식지	한국, 일본				

정답 ② 한방약

위험도

독의 강도 💀

마주할 확률 💀💀💀

지네를 똑 닮았지만 지네는 마디에 다리가 하나씩 있는 것에 반해, 고운까막노래기는 두 개씩 있어요. 하지만 두 배의 빠르기로 걷는 건 아니고, 오히려 느려요. 위험을 감지하면 몸의 마디에서 고약한 액체를 분사해요.

삼림부터 집 정원까지 어디에도 나타나는 고운까막노래기는 바위 밑이나 떨어진 나뭇잎 밑, 땅속 등 어둡고 축축한 장소에 슬며시 살고 있는 수수한 녀석이에요. 하지만 때때로 주택가 등에 대발생해 사람을 놀라게도 하며, 한곳에 수십 마리가 모여 꿈틀대는 모습은 털을 곤두세울 정도로 기분이 나빠요. 부엽토 등을 먹이로 삼기 때문에 자연에서는 좋은 흙을 만들기 위해 없어서는 안 될 존재예요. 사람을 공격하진 않고 이쪽에서 공격하지 않는 한 얌전하지만, 만약 장난치면 몸의 옆면에 있는 취공에서 역겨운 액체를 뿜어 반격해요. 독액은 비교적 약하지만, 경우에 따라서는 염증을 일으킬 수 있어요. 또, 눈에 들어가면 큰일이에요.

대처법

만약 만졌다면

액체가 피부에 닿았다면 곧장 깨끗한 물로 말끔히 씻어 내세요. 염증이 올라온 경우 항히스타민제가 든 연고를 바르고, 만약 눈에 들어간 경우 안과를 방문하세요. 고운까막노래기는 어쨌건 만지지 마세요. 이게 가장 확실한 방법이에요.

QUIZ

Q. 2000년 7월 29일에 니가타현에서 일어났던 사건이에요. 고운까막노래기에 의해 멈춰 버린 탈것은 무엇일까요?

① 비행기 ② 버스 ③ 지하철

정답은 다음 페이지에

물리면 며칠간 피를 빨아요

참진드기

병을 옮기는 작은 흡혈귀

주택가
공원·도심 녹지
산
물속
일본 오키나와

정보

이름	참진드기	분류	진드기류	몸길이	2~10mm
서식지	한국, 일본				

정답 ③ 지하철

위험도

독의 강도 💀💀

마주할 확률 💀💀💀💀

2011년에 중국에서 발생한 새 바이러스에 의한 감염병 'SFTS'를 매개하는 것으로 판명되어 두려움의 대상이 됐어요. 참진드기는 SFTS 외에도 다양한 감염병을 옮길 가능성이 있어 물리지 않도록 주의가 필요해요.

이산화탄소나 체온을 감지해 먹잇감에 달라붙고, 입을 피부에 찔러 넣어요. 내버려 두면 며칠에서 몇 주에 걸쳐 피를 빨게 돼요. 물렸을 때 아픔을 느끼지 못하는 경우도 많고, 목욕을 하다 겨우 깨닫는 사람도 많다고 해요. 하지만 참진드기에게 물렸을 때의 두려운 것은 그들이 옮기는 감염병이에요. 참진드기가 매개하는 감염병의 다수는 초기 증상이 인플루엔자와 비슷한 것이 많기 때문에, 물린 후 몇 주간 그러한 증상이 없는지 주의해야 해요. 최근 서일본을 중심으로 퍼진 SFTS라는 감염병이 우려되고 있어요. 이 감염병은 현재 제대로 된 치료법이 없기 때문에 무엇보다 참진드기에게 물리지 않도록 주의해야 해요.

대처법

만약 물렸다면

물고 늘어진 후 시간이 지나면 참진드기는 시멘트 같은 물질로 상처를 꽉 붙잡고 있기 때문에 병원에서 떼야 해요. 참진드기는 물린 직후에는 핸드크림 등으로 뗄 수도 있어요. 몇 주 내에 인플루엔자와 비슷한 증상이 나타나면 곧장 병원으로 가세요.

QUIZ

Q. 참진드기의 천적은 무엇일까요?

① 거미

② 개미

③ 고양이

정답은 다음 페이지에

얌전하지만 독성은 바다뱀급

유혈목이

예전에 독이 없다고 알려졌었던 맹독 뱀!

정보

이름	유혈목이	분류	파충류	몸길이	60~100cm
서식지	한국, 일본, 중국, 대만				

정답 ① 거미

위험도

독의 강도 ☠☠☠☠☠

마주할 확률 ☠☠☠☠

검정, 빨강, 노랑을 기조로 지역에 따라 색의 변화가 크며, 서일본에 사는 개체는 일본쥐뱀으로 착각하기 쉬워요. 새끼일 때는 목 부분에 노란 선이 그어진 경우도 있지만, 변화가 큰 뱀이기 때문에 안일한 판단은 금물이에요.

논밭이나 강가 등 개구리가 좋아하는 장소에 많이 서식하는 친숙한 독뱀이에요. 매우 얌전한 성격의 뱀이기 때문에 예전에는 아이들의 장난감 취급을 받기도 했어요. 하지만 물리면 정말 큰일이에요. 1984년에는 유혈목이를 붙잡고 놀던 중학생이 사망하는 사고가 발생했어요. 독이 매우 강력해 같은 양의 독이 반시뱀(오키나와에 서식하는 살무사)의 약 8배에 달하는 독성을 지녔어요. 독은 위턱 안쪽에 저장되어 있으며, 안쪽 이빨로 물면 독을 상대의 몸 안에 주입할 수 있어요. 물린 후 몇 시간에서 이틀 이내에 잇몸, 코, 눈 등에서 출혈이 일어나며 구역질, 시각 장애, 전신에 고통이 생기는 등의 증상이 나타나요. 친숙한 뱀이지만 발견해도 절대로 장난쳐서는 안 돼요.

대처법

만약 물렸다면

유혈목이에게 물린 경우, 살무사와는 달리 고통이 거의 없어 독이 주입된 걸 깨닫지 못한다고 해요. 하지만 독이 들어오면 아주 큰일이에요. 독이 들어온 여부와 상관없이 물렸다는 사실을 알게 되면 바로 병원으로 가야 해요.

QUIZ

Q. 유혈목이가 목에 지닌 방어용 독은 무엇으로부터 얻은 것일까요?

① 먹이로 삼은 두꺼비
② 인간이 흘려보낸 세제
③ 죽은 살무사

정답은 다음 페이지에

KEEP OUT KEEP OUT

만지면 위험한 두꺼비

관동두꺼비(일본명)

눈 뒤에 독액을 숨기고 있어요!

주택가
공원·도심 녹지
산
물속
일본 오키나와

정보

이름	관동두꺼비	분류	양서류	몸길이	3~15cm
서식지	일본				

정답 ① 먹이로 삼은 두꺼비

위험도

독의 강도

마주할 확률

주로 야행성이에요. 개미, 지렁이, 거미 등을 먹으며 성장해요. 등과 옆면에 울퉁불퉁한 사마귀 같은 돌기가 있는 것이 특징이에요. 공격당하거나 하면 눈 뒤에 있는 이선(耳腺)이라는 곳에서 유백색 독을 분사해요.

숲과 호수, 습지 등의 풍부한 자연부터 논밭과 공원, 정원까지, 물이 조금이라도 있으면 사람이 많은 장소에도 서식하는 두꺼비예요. 몸 색깔에는 다소 개체차가 있지만, 전신이 짙은 갈색에 땅딸막한 게 특징이에요. 봄 막바지에 산란하려는 암컷은 배가 알로 볼록 부풀어 있으며, 물가 안의 수컷과 만나 산란해요. 묵직한 움직임을 보이며 잘 뛰지도 않아요. 관동두꺼비에게 공격받는 경우는 거의 없지만, 잡거나 몸을 강하게 만지면 이선에서 독이 흘러나오기도 하니 주의하세요. 독이 손에 닿은 상태로 눈을 비비거나 하면 위험해요. 만지지 말고 관찰하도록 해요.

대처법

만약 만졌다면

만진 후에는 반드시 손을 씻으세요. 독액이 직접 눈에 들어간 경우 곧바로 물로 헹구세요. 이때, 세면대에 고인 물이 아니라 수도꼭지에 눈을 가까이 해 첨벙첨벙 씻는 게 좋아요. 눈에 들어간 경우 병원에 가세요.

QUIZ

Q. 관동두꺼비의 성격은 어떨까요?

① 화를 잘 낸다

② 수다를 좋아한다

③ 움직임이 둔하다

정답은 다음 페이지에

건들지 마 위험해!

어리호박벌

주택가
공원·도심 녹지
산
물속
일본 오키나와

얌전하지만 붙잡으면 찔려요!

정보

이름	어리호박벌	분류	곤충	몸길이	21~23mm
서식지	한국, 일본				

정답 ③ 움직임이 둔하다

위험도

독의 강도

마주할 확률

흉부는 노란 털로, 복부는 광택 있는 검은 털로 덮여 있어요. 몸이 살짝 둥근 게 특징이에요. 가슴이 노란색이라 노랑가슴호박벌로도 불려요. 기본적으로 매우 온순하기 때문에 붙잡지만 않으면 괜찮아요. 먹이는 화분과 꽃의 꿀이에요.

어리호박벌은 크고 통통한 둥근 몸을 지녔어요. 수컷 어리호박벌은 영역 의식이 강해 영역에 들어온 다른 곤충이나 작은 새도 공격해요. 이렇게 말하면 무섭다고 생각할 수도 있지만, 실은 온순한 벌이에요. 애당초 수컷에게는 독침이 없고, 결코 사람을 공격하지 않아요. 다만 절대 손으로 잡진 마세요. 왜냐하면, 무해한 건 수컷뿐이고 암컷은 독침을 지니고 있기 때문이에요. 암컷은 붙잡으면 도망가지 않고 독침으로 공격해요. 찔리면 당연히 아프겠죠. 온순하다곤 해도 어엿한 벌이기 때문에 절대 잡지 말고 자극하지 않는 게 현명해요.

대처법

만약 쏘였다면

어리호박벌은 온순해 쏘이는 사고가 거의 일어나지 않지만, 독을 지니고 있어요. 다른 벌과 마찬가지로 찔리면 물로 씻고 상처를 헹군 후, 항히스타민제가 든 연고를 바르세요. 만약 숨쉬기 힘들거나 구토감을 느끼면 곧장 병원으로 가세요.

QUIZ

Q. 어리호박벌의 특징 중 틀린 것은 어느 것일까요?

① 수컷은 영역을 지닌다

② 공격적인 성격

③ 몸이 크고 둥글다

정답은 다음 페이지에

겉모습은 귀엽지만 방심은 금물

청딱지개미반날개

화려하고 작은 몸은 독 탱크예요

정보

이름	청딱지개미반날개	분류	곤충	몸길이	6~7mm
서식지	동남아시아 원산, 한국, 일본				

정답 ② 공격적인 성격

위험도

독의 강도 ☠☠☠

마주할 확률 ☠☠☠

특히 저녁부터 밤에 걸쳐 마주할 일이 잦아요. 빛에 모여드는 성질이 있기 때문에 빛을 사용한 사슴벌레 채집 때 보이기도 해요. 또 밤에 자동판매기에 모여드는 일이 많아 밟지 않게 주의해야 해요.

'화상벌레'라고도 불리는 곤충으로 체형은 개미를 똑 닮았지만, 머리에서 하복부까지 부위별로 검은색, 오렌지색, 검은색이 교차해 색이 구분되는 것이 특징이에요. 논밭 등 물가에 서식하고 있는 경우도 많아 인가 근처에 종종 나타나요. 다른 곤충을 먹기 때문에 논가에 있어서는 익충이기도 하며, 적극적으로 사람을 공격하지도 않아요. 하지만 체액이 위험해요. 체액에 '페데린'이라는 독이 포함돼 있으며 맨손으로 움켜쥐거나 손으로 쫓으려 할 때, 실수로 움켜쥘 때 매우 위험해요. 피부가 부풀어 오르는 증상이 나타나며 눈에 들어가도 엄청 위험해요. 작다고 방심하면 안 되죠. 피해는 6월~8월에 집중되는 경향이 있어요.

대처법

만약 만졌다면

독액을 만져도 곧바로 증상이 나타나지는 않지만, 한동안 시간이 흐른 후 부풀어 오르는 증상이 나타나기도 해요. 독액을 만진 후에도 아프지 않다고 방치하지 말고 바로 물로 헹구고, 증상이 심한 경우 병원에 가는 게 좋아요.

QUIZ

Q. 청딱지개미반날개의 독은 어디에 있을까요?
① 몸 안 ② 입 안
③ 독침 안

정답은 다음 페이지에

KEEP OUT KEEP OUT

만지지 마 위험해! 검은 갑충

가뢰

친숙한 곤충이지만 독을 지녔어요

정보

이름	가뢰	분류	곤충	몸길이	7~23mm
서식지	전 세계				

정답 ① 몸 안

위험도

독의 강도 ☠☠☠☠

마주할 확률 ☠☠

주로 봄 끝자락에서 초여름에 걸쳐 풀밭과 숲에 나타나요. 성충은 초식성이며 땅을 걸어 이동하는 모습이 주로 관찰돼요. 그 모습이 여왕개미를 연상시켜요. 독충이기 때문에 발견해도 절대로 만져선 안 돼요.

가뢰는 남가뢰, 둥글목남가뢰, 좀남가뢰, 먹가뢰, 청가뢰 등 다양한 종이 서식하고 있지만 일부 가뢰는 특이한 생태를 지녔어요. 홀로 생활하는 벌의 둥지 안에 침입해, 그 안에 있던 알이나 꽃가루 등을 먹고 성장해요. 이와 같은 가뢰들이 지닌 체액이 위험해요. 밟거나 자극하면 몸에서 체액을 내뿜는데, 이 액체가 독이에요. '칸타리딘'이라는 성분이 포함돼 있어 피부에 닿으면 화상을 입은 듯한 물집이 생기기 때문에 맨손으로 만져선 안 돼요. 가뢰가 죽어도 독은 없어지지 않기 때문에 사체에도 주의가 필요해요.

대처법

만약 만졌다면

가뢰의 몸에서 나오는 체액을 만지면 그것에 포함된 칸타리딘이라는 성분에 의해 물집이 생겨요. 만약 만졌을 때는 곧장 깨끗한 물로 잘 헹구세요. 증상이 심해지면 병원으로 가세요.

QUIZ

Q. 암컷 가뢰가 낳는 알의 개수는?

① 300개 가량 ② 3,000개 가량
③ 30,000개 가량

정답은 다음 페이지에

인간도 무는 대형 등에

소등에

예리한 입으로 피부를 가르고 흡혈해요

정보

이름	소등에	분류	곤충	몸길이	17~25mm
서식지	한국, 일본				

정답 ② 3,000개 가량

위험도

독의 강도

마주할 확률

목장 등 동물이 많은 곳에서 종종 보이는 등에예요. 초여름에 발생해 아침이나 저녁의 선선한 시간대에 활동해요. 동물의 혈액을 먹이로 삼기 때문에 가만히 있어도 다가와요.

등에는 일본에만 100종 이상이 서식하는 것으로 알려져 있지만, 동물의 혈액을 빠는 건 그중 매우 드문 일부 종뿐이에요. 소등에는 등에 중에서도 비교적 크고, 소나 돼지 등 가축을 공격해요. 등에는 파리와 달리 동물의 피부에 상처를 내 흘러나온 피를 마셔요. 피부에 상처를 내기 때문에 강한 아픔이 있고, 이후 부풀어 오르기도 해요. 두드러기나 가려운 정도는 사람에 따라 다르지만, 길면 2주~3주 동안 아프기도 해 물리지 않게 신경 써야 해요. 두드러기는 때로 열을 동반하기도 해요. 한편, 성충은 지렁이 등을 먹는 육식성이에요. 등에는 파리이기 때문에 유충이 구더기와 비슷한 형태를 띠어요.

대처법

만약 물렸다면

등에가 있을 법한 장소에는 벌레 쫓는 스프레이가 효과적이에요. 물린 부분이 가려워도 긁지 마세요. 긁는 등 증상이 악화할 가능성이 있어요. 증상이 심하면 역시 병원으로 가세요.

QUIZ

Q. 등에는 어느 계절감을 나타내는 곤충인가요?
① 봄 ② 여름 ③ 가을

정답은 다음 페이지에

KEEP OUT KEEP OUT

붉은머리왕지네의 푸른 아종

베트남왕지네

일본이 낳은 초강력 지네

정보

이름	베트남왕지네	분류	다족류	몸길이	6~10cm
서식지	한국, 일본(홋카이도 제외)				

정답 ② 여름

위험도

독의 강도 ☠☠☠☠

마주할 확률 ☠☠☠

붉은머리왕지네와 마찬가지로 기온이 일정하고 높은 곳을 선호해요. 썩은 나무 밑 등 적절한 장소에 종종 숨어 있어요. 주로 4월~10월에 활동하지만, 한여름에는 활동이 다소 느려지는 듯해요.

60페이지의 붉은머리왕지네와 비교해 몸이 푸른색을 띠는 베트남왕지네예요. 다리는 노란색이나 오렌지색, 푸른색 등 개체에 따라 다소 차이가 있어요. 붉은머리왕지네보다 조금 작고 날렵한 몸을 지녔지만, 그럼에도 큰 개체가 10cm 정도예요. 작다고 방심해서는 안 돼요. 마찬가지로 독을 지니고 있기 때문에 물리면 심한 고통이 느껴지고, 물집이나 피부염 등이 일어요. 증상이 심한 경우 일주일 동안 고통이 이어지면서 발열을 동반하기도 해요. 또한, 심한 알레르기 증상을 일으키기도 하니 걱정되면 곧장 병원으로 가세요. 발견하면 물리지 않도록 맨손으로 만지지 말고 타월이나 젓가락 등을 사용해 처리하세요.

대처법

만약 물렸다면

붉은머리왕지네와 마찬가지로 물리면 43~46℃ 가량의(목욕물보다 살짝 뜨거운 정도) 물로 상처를 헹구세요. 항히스타민제가 들어간 연고를 바르고, 아픔이나 염증이 심한 경우 병원에 가는 게 좋아요.

QUIZ

Q. 새끼 지네를 위해 어미 지네가 하는 행동은 무엇일까요?

① 알을 등에 얹어 보호한다
② 알을 입 안에 넣어 보호한다
③ 알을 끌어안아 보호한다

정답은 다음 페이지에

사망 위험이 있는 병을 옮겨요

털진드기

미세한 세계의 무서운 살인마

정보

이름	털진드기	분류	진드기류	몸길이	0.2~0.3mm
서식지	한국, 일본				

정답 ③ 알을 끌어안아 보호한다

위험도

독의 강도 ☠☠☠

마주할 확률 ☠☠

털진드기가 매개하는 쯔쯔가무시병이 공포의 대상이에요. 이 병은 털진드기 유충이 옮기기 때문에 유충이 발생할 때 특히 주의가 필요해요. 대개 봄~초여름과 가을~초겨울에 유행해요.

털진드기라고 해도 사실 한 종만 있는 건 아니에요. 일본에서 쯔쯔가무시병을 옮길 가능성이 있는 건 붉은진드기, 활순털진드기, 대잎털진드기 세 종이에요. 예전에는 붉은진드기가 매개하는 병이 6월~9월경에 다수 보고됐지만, 현재는 봄~초여름과 가을~초겨울에 감염, 발병하는 일이 잦다고 해요. 쯔쯔가무시병에 걸리면 5일~14일 후 전신에 발진이 나타나고, 고열이 나며 최악의 경우 사망에 이를 수 있어요. 하천 하류 지역의 풀밭에 다수 서식한다고 해요. 유충의 크기가 매우 작아 발견하는 것은 상당히 어려워요. 긴 소매, 긴 바지 등 피부를 노출하지 않는 복장으로 예방해야 해요.

대처법

만약 물렸다면

물려도 곧장 눈치채기 어렵고, 감염된 경우 5일~14일 정도의 잠복 기간이 있어요. 털진드기에 의한 물린 자국이 남기 때문에 발진, 고열, 물린 자국 세 가지가 쯔쯔가무시병의 전형적인 증상으로 관찰돼요. 심한 증상이 나타나면 곧장 병원으로 가세요.

퀴즈

Q. 쯔쯔가무시병의 원인이 되는 세균의 이름은 무엇일까요?

① 루콜라 ② 러셀 ③ 리케차

정답은 다음 페이지에

독의 강도는 반시뱀의 2배!

살무사

연평균 네 명의 사상자를 내는 대표 독뱀!

정보

이름	살무사	분류	파충류	몸길이	40~65cm
서식지	한국, 일본, 중국				

정답 ③ 리케차

위험도

독의 강도 ☠☠☠☠☠

마주할 확률 ☠☠☠

색은 지역별로 차이가 있으며 불그스름한 것, 검은 것 등 다소 변이가 있어요. 기본은 갈색이며 점박이 문양이 새겨진 게 특징이에요. 독니가 주사기처럼 되어 있어 먹잇감을 붙잡고 독을 상대의 몸 안에 주입해요.

일본에 서식하는 살무사는 두 종이에요. 홋카이도~규슈에 서식하는 일본살무사와 나가사키현 쓰시마에 서식하는 쓰시마살무사예요. 논밭 주변 환경에 서식하고 비교적 친숙한 독뱀으로 알려져 있어요. 여러 뱀은 알로 번식하지만, 살무사는 알을 뱃속에 저장하다가 새끼 살무사 상태로 낳는 특징이 있어요. 또한 어둠 속에서도 체온을 가시화하여 볼 수 있는 '피트'라는 센서도 지녔어요. 그리고 먹이라고 판단하면 눈에 잡히지 않을 정도의 속도로 날아들어요. 일본에서 연평균 네 명이 독에 의해 사망한다고 해요. 하지만, 구태여 공격해 오지는 않기 때문에 밟지만 않도록 주의하세요.

대처법

만약 물렸다면

대부분의 경우 물리고 30분이 경과한 후 크게 부풀며 움직이기 어려워져요. 만약 물린 경우 곧장 병원에 가는 게 좋고, 한시라도 빨리 도착해야 해요. 이때, 부풀어 오르면 손목시계나 반지 등을 풀기 어려워져 미리 풀어 두는 게 좋아요.

QUIZ

Q. 살무사의 특징은 어느 것인가요?

① 전신에 줄무늬 문양이 있다
② 전신에 점박이 문양이 있다
③ 꼬리에 하트 문양이 있다

정답은 다음 페이지에

점잖아 보여도 독이 있어요!

일본두꺼비

주택가 공원·도심 녹지 산 물속 일본 오키나와

정보

이름	일본두꺼비	분류	양서류	몸길이	8~15cm
서식지	일본 고유종				

정답 ② 전신에 점박이 문양이 있다

위험도

독의 강도 💀💀💀

마주할 확률 💀💀💀💀

관동두꺼비와 마찬가지로 온몸이 사마귀가 난 것처럼 꺼칠꺼칠한 피부로 덮여 있어 사마귀두꺼비라는 이명이 있어요. 공격받으면 눈 뒤에 있는 이선이라는 곳에서 유백색 독을 분사해요.

68페이지의 관동두꺼비는 동일본에 서식하지만, 일본두꺼비는 서일본에 서식해요. 둘 다 생김새는 비슷하지만, 살고 있는 지역으로 구분할 수 있어요. 겉모습과 생태도 관동두꺼비와 유사하고, 숲 속이나 호수, 논밭 등의 습지에서 발견돼요. 묵직한 움직임으로 별로 뛰어다니지도 않아 일본두꺼비로부터 공격당할 걱정은 없어요. 단, 붙잡는 건 주의가 필요해요. 이선에서 나오는 독이 손에 묻어 눈에 들어가거나 하면 위험해요. 눈을 비비며 빙빙 돌게 될지도 몰라요. 만지지 말고 관찰하세요. 참고로, 먹이로 귀뚜라미 등의 작은 곤충을 잡아먹어요.

대처법

만약 만졌다면

만진 후에는 반드시 손을 씻으세요. 독액이 직접 눈에 들어간 경우 곧장 물로 씻으세요. 이때, 세면대에 고인 물이 아닌 수도꼭지에 눈을 가까이 해 첨벙첨벙 헹구는 게 좋아요. 눈에 들어간 경우 병원으로 가세요.

QUIZ

Q. 두꺼비의 옛말은 무엇일까요?

① 두텁 ② 지비 ③ 두구리

정답은 다음 페이지에

봄에 가장 먼저 움직이기 시작하는 독벌

좀뒤영벌

보들보들 귀엽지만 어엿한 벌이에요

주택가
공원·도심 녹지
산
물속
일본 오키나와

정보

이름	좀뒤영벌	분류	곤충	몸길이	여왕벌 16~26mm 일벌 9~18mm
서식지	한국, 일본				

정답 ① 두텁

위험도

독의 강도 ☠☠☠

마주할 확률 ☠☠☠☠☠

수컷은 전신이 선명한 레몬색인 것에 반해 암컷은 몸이 검고 꼬리 끝만 노란색이에요. 일벌의 크기는 꿀벌과 비슷하지만 살짝 큰 정도예요. 성격은 온순하지만 붙잡으면 쏘일 수 있으니 장난치지 마세요.

일본에 광범위하게 서식하며 봄 끝자락이 되면 공원 진달래꽃 등에 모여드는 작은 벌이에요. 여왕벌이나 일벌은 전신이 보들보들한 검은 털로 덮여 있고, 꼬리 끝만 노란색을 띠어요. 5월~6월경 나타나는 수컷 벌은 전신이 노랗고, 겉모습이 매우 귀여워요. 둥지는 땅속 등 좁은 곳에 만들기 때문에 눈에 잘 띄지 않아요. 공격해 오는 일이 거의 없고 매우 온순한 벌이지만, 벌은 벌이에요. 쏘이면 당연히 강한 통증이 느껴지고, 체질에 따라 심한 알레르기 반응을 일으키기도 해 호기심으로 둥지를 자극하거나 붙잡지 않는 게 좋아요. 참고로 먹이로는 꽃가루나 꽃의 꿀을 먹어요.

대처법

만약 쏘였다면

가까운 공원의 꽃 등의 장소에서 볼 수 있는데, 우선 잡지 마세요. 실수로라도 그런 경우 쏘일 수 있어요. 쏘이면 상처를 물로 헹구고 항히스타민제 연고를 바르세요. 상태를 보다가 숨쉬기 어려워지는 등의 증상이 나타나면 한시라도 빨리 병원으로 가세요!

QUIZ

Q. 다음 중 실제 존재하지 않는 벌은 무엇일까요?

① 가는뒤영벌
② 황토색뒤영벌
③ 서양뒤영벌

정답은 다음 페이지에

빨강과 검정의 일인자

요코즈나침노린재(일본명)

예리한 입으로 찔러 사람도 공격해요

정보

이름	요코즈나침노린재	분류	곤충	몸길이	16~24mm
서식지	일본, 중국				

정답 ① 가는뒤영벌

위험도

독의 강도 ☠☠

마주할 확률 ☠☠☠☠

봄에서 가을에 걸쳐 가까운 공원 벚꽃 나무 등의 줄기에서 관찰되는 곤충이에요. 겨울에는 나무옹이 구멍 등에서 관찰되기도 해요. 만지지 않으면 괜찮지만 찔리면 꽤 아파요.

노린재 종은 매우 광범위해요. 풀이나 나무의 수액을 마시는 일부 노린재 종은 구역질나는 냄새를 풍기는 것으로 유명한데, 매미와 이 침노린재가 노린재 종의 동료라고 할 수 있어요. 침노린재는 다른 곤충을 공격해 먹는데, 방법이 매우 독특해요. 예리한 바늘 같은 입을 지녀 상대의 몸을 찌른 후, 체액을 빨아 먹는 형태로 식사해요. 사람을 공격하진 않지만, 만일 붙잡거나 하면 저항하면서 예리한 입으로 물 수 있어요. 붙잡지 않으면 괜찮지만, 물리면 심한 아픔이 일어요. 발견해도 맨손으로 잡지 마세요. 요코즈나침노린재는 배의 옆면에 스모(일본 씨름) 허리띠 같은 하얗고 검은 줄무늬 모양이 특징이에요.

대처법

만약 물렸다면

붙잡지 않는 한 물지 않기 때문에 맨손으로 잡지 마세요. 물려도 기본적으로 심한 증상은 나타나지 않지만, 경우에 따라 물집이나 가려움이 일기도 해요. 물리면 상처를 씻고 소독한 후, 약을 바르고 걱정되면 병원으로 가세요.

QUIZ

Q. 요코즈나침노린재는 어느 나라에서 왔을까요?

① 러시아 ② 중국 ③ 미국

정답은 다음 페이지에

개미처럼 보이지만 어엿한 벌

개미벌

개미로 착각했다간 험한 꼴 당할 수 있다고

정보

이름	개미벌	분류	곤충	몸길이	12~15mm
서식지	한국, 일본				

정답 ② 중국

위험도

독의 강도

마주할 확률

수컷에겐 날개가 있지만 암컷에겐 없고 겉모습이 개미를 똑 닮았어요. 개미벌은 꿀벌과 구멍벌의 둥지에 침입해 산란해요. 태어난 유충은 숙주를 먹고 성장하는 기생벌이에요.

개미벌은 일본에서 17종이 발견되었어요. 수컷은 날개가 있지만 암컷은 없고, 겉보기에 개미를 닮았지만 개미가 아니에요. 일부 개미벌은 기생 생활을 하며 뒤영벌 등 꿀벌과 구멍벌, 대모벌 등의 둥지에 침입해 알을 낳아요. 그리고 태어난 유충은 그 숙주를 먹고 성장하죠. 개중에는 꿀벌의 둥지를 전멸시키는 녀석도 있어요. 하지만, 생태가 아직 해명돼 있지 않은 종이 많아요. 별난 개미라고 생각해 붙잡았다간 종에 따라 강한 통증을 느낄 수 있으니 조심하세요. 말벌처럼 집단으로 공격하진 않지만, 붙잡았다가 쏘이는 것에 주의하세요.

대처법

만약 쏘였다면

개미벌이 공격해 오는 일은 없으니, 만약 발견해도 지나치세요. 쏘이면 상처를 물로 헹구고 항히스타민제가 들어간 연고를 바르세요. 독 자체로 목숨을 잃진 않지만, 사람에 따라 알레르기 반응이 나타날 가능성이 있어요. 그 경우 서둘러 병원으로 가세요.

QUIZ

Q. 개미벌의 별명은 무엇일까요?

① 브로드밴드 ② 벨벳개미 ③ 자이언트개미

정답은 다음 페이지에

야채 밭에서 마주하는 독충

줄먹가뢰

피부를 문드러지게 하는 체액은 만지지 마세요

정보

이름	줄먹가뢰	분류	곤충	몸길이	15mm
서식지	한국, 일본				

정답 ② 벨벳개미

위험도

독의 강도 ☠☠☠☠☠

마주할 확률 ☠☠

7월~9월에 걸쳐 풀밭이나 밭 등에 나타나며, 채소의 잎을 먹는 해충이에요. 대두 같은 콩과 감자, 가지 등의 야채 잎도 좋아해요. 유충은 밑들이메뚜기나 메뚜기 알을 먹는 익충이기도 해요.

줄먹가뢰는 머리 부분이 붉으며, 검은 가슴과 등에 흰색 또는 회색 선이 들어가 있어요. 풋콩 등 콩의 잎을 먹기 때문에 농가에서 해충으로 미움받고 있어요. 만지면 몸의 마디에서 노란색 액체를 내뿜어요. 이 액체는 '칸타리딘'이라는 유독 성분이 포함돼 있어 피부에 닿으면 물집을 일으키기 때문에 만지면 안 돼요. 머리가 붉고 몸이 검은 곤충이라 반딧불이를 닮았지만, 실수로 잡으면 독에 피해를 입을 수 있으니 잘 구분하세요. 몸 안에 독을 지니고 있기 때문에 새도 먹으려 하지 않아요. 외부의 적이 적기 때문에 느긋하게 식사를 즐겨요.

대처법

만약 만졌다면

밭에 서식하고 있어 농사 중에 피해를 입는 경우가 많아요. 무심코 만지지 않도록 주의하세요. 몸에서 분사된 액체를 만질 경우 물로 씻고 스테로이드 성분이 들어간 약을 바르세요. 염증이 심해진 경우 피부과를 방문하세요.

QUIZ

Q. 얼마나 많은 줄먹가뢰를 먹어야 사람이 죽을 수 있을까요?

① 약 2마리 ② 약 30마리
③ 약 50마리

정답은 다음 페이지에

눈에 띄게 가늘고 긴 몸이 특징

뱀허물쌍살벌

잎 뒤에 숨어 사는 난자 벌

정보

이름	뱀허물쌍살벌	분류	곤충	몸길이	여왕벌 16~18mm 일벌 11~15mm
서식지	한국, 일본				

정답 ① 약 2마리

위험도

독의 강도 ☠☠☠

마주할 확률 ☠☠☠☠

잡목림의 나무나 풀숲, 신사, 민가의 지붕 밑 등 외부의 적이 발견하기 어려운 장소에 둥지를 틀고 곤충이나 유충, 모충 등을 먹으며 성장해요. 다소 공격적인 성격이며 둥지에 침범하면 집단으로 공격하기 때문에 주의하세요.

일본에서 많이 보이는 종은 큰뱀허물쌍살벌과 크기가 작은 뱀허물쌍살벌 두 종이에요. 쌍살벌 중에서도 특히 가느다란 몸이 특징 중 하나예요. 모두 잎사귀 뒤에 둥지를 틀기도 해 알아채기 어렵고, 갑작스레 마주할 수도 있어요. 쌍살벌이기 때문에, 역시나 둥지를 자극하면 집단으로 공격해 독침을 찔러요. 찔리면 당연히 아프고, 심한 알레르기 증상이 없어도 1주~2주간은 아픔과 가려움이 지속돼요. 쌍살벌은 말벌에 비해 온순하지만, 무심코 둥지를 자극해 쏘이는 경우가 많아요. 울타리 등에 무심코 장난치지 않도록 해요.

대처법

만약 쏘였다면

만약 둥지를 자극했다면, 어쨌건 재빨리 그 장소에서 벗어나세요. 쏘였을 때는 상처를 물로 헹구고, 항히스타민제 연고를 바르세요. 알레르기 증상이 나타나거나 두드러기가 심해졌을 때는 곧장 병원으로 가세요.

QUIZ

Q. 뱀허물쌍살벌의 특징은 무엇일까요?

① 잎사귀 뒤편에 둥지를 튼다
② 나무 안에 둥지를 튼다
③ 땅속에 둥지를 튼다

정답은 다음 페이지에

붉은머리왕지네의 붉은 아종

붉은머리지네

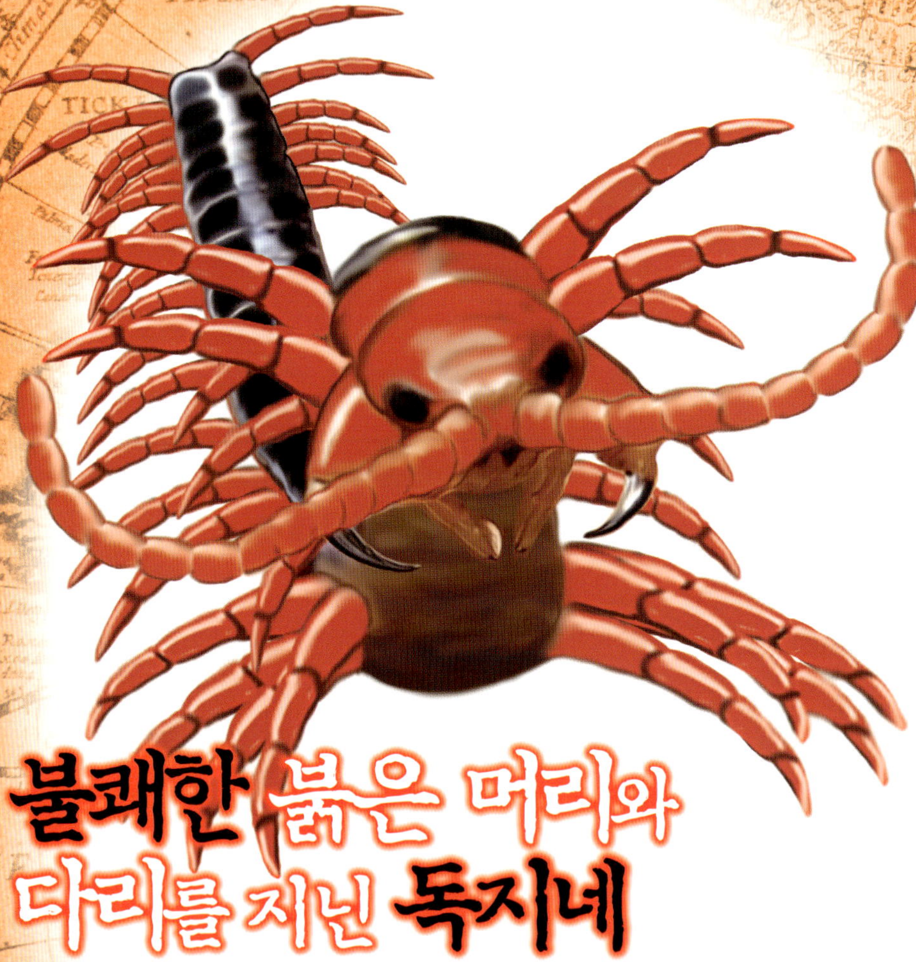

불쾌한 붉은 머리와 다리를 지닌 독지네

정보

이름	붉은머리지네	분류	다족류	몸길이	5~7cm
서식지	일본, 중국, 대만, 필리핀 등				

정답 ① 잎사귀 뒤편에 둥지를 튼다

위험도

독의 강도 ☠☠☠☠

마주할 확률 ☠☠

몸은 초록빛을 띠는 갈색이며 머리와 다리가 선명한 적갈색인 화려한 지네예요. 예리한 이빨을 지녔고, 잡거나 자극하면 물어요. 낮에는 바위 밑 등에서 잠자며 밤이 되면 먹이를 찾아 돌아다니거나 나무를 오르기도 해요.

붉은머리지네는 혼슈, 시코쿠, 규슈에 서식하는 붉은머리왕지네의 아종이에요. 야행성이기 때문에 낮에는 바위나 썩은 나무, 낙엽 밑 등의 축축하고 온도가 일정한 곳을 선호해요. 이는 60페이지의 붉은머리왕지네와 똑같죠. 밤이 되면 활발해지고, 다른 곤충을 공격해 먹어요. 이쪽에서 아무것도 하지 않으면 공격하지 않지만, 잡거나 바위 등을 뒤집을 때 뭉개거나 하면 반격하기 때문에 조심해야 해요. 역시 독이 있기 때문에, 물렸을 때는 심한 아픔이 일고 두드러기나 피부염이 생겨요. 심한 알레르기 증상을 일으킬 수도 있기 때문에 걱정될 때는 병원으로 가세요.

대처법

만약 물렸다면

붉은머리왕지네와 마찬가지로 물리면 43~46℃ 정도(목욕물보다 살짝 뜨거운 정도)의 물로 상처를 씻으세요. 항히스타민제가 들어간 연고를 바르고 아픔이나 염증이 심한 경우 병원에 가는 게 좋아요.

QUIZ

Q. 세계에서 가장 큰 지네는 몇 cm일까요?

① 약 40cm ② 약 80cm
③ 약 120cm

정답은 다음 페이지에

등지를 지키기 위해 목숨을 걸고 독침을 꽂아요

일본꿀벌

정보

이름	일본꿀벌	분류	곤충	몸길이	여왕벌 17~19mm 일벌 10~11mm
서식지	일본 고유종				

정답 ① 약 40cm

위험도

독의 강도 ☠☠☠

마주할 확률 ☠☠☠☠

독침에 낚싯바늘 같은 갈고리가 있어 쏘이면 침과 함께 독이 든 내장이 뜯겨 죽어요. 벌에게 있어 '공격=죽음'이기 때문에 공격성은 높지 않지만 둥지를 자극하면 쏘여요. 말벌보다 일벌의 수가 많아요.

양봉꿀벌은 메이지 시대(1867~1912)를 시작으로 외국에서 들여온 벌이지만, 일본꿀벌은 예로부터 일본에 서식했던 재래종이에요. 양봉꿀벌과 비교해 다소 작고 온순한 성격을 갖고 있어요. 사람을 공격하진 않지만 방심은 금물이에요. 안이 썩어 속이 빈 나무에 둥지를 치기도 하며, 캠핑장 인근에서 발견되기도 해요. 그 구멍을 자극하면 둥지를 지키기 위해 몇 마리가 동시에 공격하기도 해요. 양봉꿀벌만큼은 아니지만 쏘이면 상당히 따가우며, 사람에 따라 심한 알레르기 증상이 일어날 수도 있으니 주의하세요. 쏘인 자리는 새빨갛게 부풀어요. 둥지를 발견하면 주의가 필요해요.

대처법

만약 쏘였다면

꿀벌의 독침은 갈고리 모양으로 되어 있어 쏘인 자리에 침과 함께 독이 든 내장이 남아요. 그대로 방치하면 독이 계속 주입되기 때문에 카드로 밀어서 침과 내장을 제거하세요. 제거한 후 물로 헹궈야 하며, 걱정되면 병원으로 가세요.

QUIZ

Q. 일본꿀벌이 침을 쏠 수 있는 횟수는 몇 번일까요?

① 한 번 ② 세 번

③ 몇 번이고 가능하다

정답은 다음 페이지에

KEEP OUT KEEP OUT

검은 이빨로 물고 독액을 주입해요

애어리염낭거미

일본에서 가장 피해가 큰 독거미

정보

이름	애어리염낭거미	분류	거미류	몸길이	10~15mm
서식지	한국, 일본, 중국(동북부)				

정답 ① 한 번

위험도

독의 강도 ☠☠☠

마주할 확률 ☠☠☠☠

독을 지녔으며, 물리면 강한 아픔이 느껴져요. 암컷은 벼과 식물의 잎을 말아 둥지를 만들고, 그 안에서 산란해요. 벼과 식물이 말린 잎을 호기심에 열었다가 피해를 입기도 해요.

초여름경 억새 등 벼과 식물의 잎이 돌돌 말려 있는 걸 목격하는 경우가 있어요. 그때, 호기심에 열어서는 안 돼요. 애어리염낭거미의 둥지일 가능성이 있기 때문이에요. 애어리염낭거미는 검은 이빨을 지닌 맹독 거미예요. 잎을 실로 말아 둥지를 틀고, 그 안에 알을 낳아요. 이때 호기심에 둥지를 건들거나 하면 안에서 어미가 튀어나와 물기 때문에 주의하세요. 불에 덴 듯 바늘로 톡 쏘는 듯한 자극이 일면서 심한 고통을 느끼게 돼요. 상처가 부풀어 오르며, 최악의 경우 죽음에 이르기도 해요. 참고로 알에서 태어난 새끼 거미는 곁에 있는 어미 거미를 먹어 치운다고 해요. 새끼를 건강하게 기르기 위해 어미의 몸을 희생하는 거죠.

대처법

만약 물렸다면

만약 물리면 심한 고통이 일고 물집과 화농을 일으켜요. 또 심한 경우에는 두통이나 구역질이 일기도 해요. 일본에서 이 거미에 물려 사망한 사례는 없다고 하지만, 물렸을 때는 물로 상처를 헹구고 걱정되면 병원에 가는 게 현명해요.

QUIZ

Q. 새끼 애어리염낭거미는 무엇을 먹나요?

① 새끼 거미 ② 아빠 거미 ③ 엄마 거미

정답은 다음 페이지에

쥐구멍을 잠시 빌리는 땅벌

어리뒤영벌

귀엽지만 찌를 때는 진심이에요!

정보

이름	어리뒤영벌	분류	곤충	몸길이	여왕벌 20~24mm 일벌 22mm
서식지	한국, 일본				

정답 ③ 엄마 거미

위험도

독의 강도 (해골 3개)

마주할 확률 (해골 5개)

초봄엔 동면에서 눈을 뜬 여왕벌이 땅속의 빈 쥐구멍 등에 둥지를 틀고 새끼를 길러요. 공격 받으면 독침으로 반격해 오기 때문에 방심은 금물이에요. 독성은 약하지만 아픔이 심해요. 무심코 잡지 않도록 해요.

온몸이 밝은 오렌지색 털로 덮여 있고, 꼬리 끝이 검고 겉모습이 아담해 귀여워요. 일본에서 가장 마주하기 쉬운 뒤영벌이에요. 평지와 산지에 서식하며, 초봄이 되면 여왕벌이 땅속의 빈 쥐구멍 같은 오래된 구멍이나 쓰러진 나무 밑 등 숨겨진 장소에 둥지를 틀고 새끼를 기르기 시작해요. 일벌은 꽃을 모아요. 엉겅퀴, 메밀, 앵초, 물봉선, 삼지구엽초 등의 화분을 모아 유충에게 먹이로 줘요. 성질은 온순하기 때문에 둥지를 자극하거나 잡지 않는 한 먼저 공격해 오지는 않아요. 하지만, 만에 하나 쏘이면 아프니 주의하세요. 쏘지 않는 수컷 좀뒤영벌을 닮았으니 혼동하지 않도록 조심하세요.

대처법

만약 쏘였다면

아픈 정도에 비해 독성이 강하진 않기 때문에 환부를 헹구고 벌레 물림 약을 바르면 괜찮아요. 만약 아픔이 계속되거나 악화되는 경우 병원으로 가세요. 잡지 않는 한 공격하지 않으므로, 발견하면 조용히 관찰만 하세요.

QUIZ

Q. 어리뒤영벌은 다른 꿀벌에 비해 어디가 긴가요?
① 촉각 ② 혀 ③ 다리

정답은 다음 페이지에

방심하기 쉬운 약한 독의 공포

청개구리

귀여운 겉모습에 속지 마세요!

정보

이름	청개구리	분류	양서류	몸길이	20~30mm
서식지	한국, 일본, 중국				

정답 ② 혀

위험도

독의 강도

마주할 확률

전국 각지에서 발견되는 귀엽게 생긴 청개구리지만, 의외로 방심할 수 없는 미독을 지녔어요. 학교 귀갓길에 마주할 확률이 매우 높아요. 친숙하지만 주의할 필요가 있어요.

비가 내린 후나 논밭, 강 등에서 자주 보이는 작은 청개구리. 귀여운 겉모습을 지녀 잡고 놀아 본 경험이 있는 사람도 많겠지만, 실은 위험이 도사리고 있어요. 항상 젖어 있어 피부에 안 좋은 바이러스나 다양한 세균이 번식하기 쉬워요. 그것이 원인이 되어 병으로부터 몸을 지키기 위해 점액 안에 미량의 독이 포함돼 있어요. 그 때문에 청개구리를 만지거나 점액이 묻은 손으로 눈을 비비면 아플 수 있어요. 손에 살짝 묻는 정도는 괜찮다고 생각해 방심하지 않도록 해요. 청개구리뿐만 아니라 동물을 만진 후에는 손을 씻는 게 좋아요. 특히 개구리들은 미량의 독을 두르고 있는 경우가 많아 더욱 조심해야 해요.

대처법

만약 만졌다면

청개구리가 두르고 있는 독은 약하지만, 상처 있는 손이나 눈, 입에 넣으면 아픔과 염증을 일으킬 수 있어요. 이는 독에 세포를 녹이는 작용이 있기 때문이에요. 상처 있는 손으로 만지지 마세요. 또 만진 후에는 눈이나 입에 넣지 말고 반드시 손을 씻으세요.

QUIZ

Q. 청개구리의 특수 능력은 무엇일까요?

① 몸 색깔을 바꾼다
② 몸을 단단히 한다
③ 몸에서 물을 내뿜는다

정답은 다음 페이지에

엉덩이의 독침으로 푹 찔러요

왕침개미

작지만 겁 없는 검은 사냥꾼

정보

이름	왕침개미	분류	곤충	몸길이	4mm
서식지	한국, 일본, 중국, 대만				

정답 ① 몸 색깔을 바꾼다

위험도

독의 강도 💀💀

마주할 확률 💀💀💀💀

몸길이는 고작 4mm밖에 안 되지만, 꼬리 끝에 독침을 지녔으며 위험을 감지하면 자신의 몇백 배에 달하는 생물에도 달라붙어 침을 꽂아요. 육식성이며 흰개미나 다른 곤충을 공격해 먹이로 삼아요.

몸은 가늘고 길며 광택이 있는 검은색이고, 큰 턱과 더듬이, 다리가 옅은 갈색을 띠는 것이 특징이에요. 썩은 나무나 낙엽 밑, 가옥의 목재 등에 서식하며 비교적 어디에나 있는 개미예요. 하지만 방심해선 안 돼요. 자극하면 자신의 몇백 배에 달하는 상대에게도 달라붙어 공격해요. 만약 왕침개미가 있는 것을 눈치채지 못하고 땅을 밟으면 사람도 꼬리의 독침에 쏘일 수 있어요. 또 집 안에 침입해 사람을 쏘기도 해요. 집에 왕침개미가 침입하면 살충제로 대응하세요. 쏘이면 강한 아픔이 일며 가려움이 이어져요.

대처법

만약 쏘였다면

둥지가 근처에 있는 경우 공격받을 가능성이 있기 때문에 살충제 등으로 제거하세요. 쏘이면 강한 아픔이 느껴지며 물집과 가려움이 생겨요. 상처를 물로 헹구거나 항히스타민제 연고로 응급 처치한 후, 증상이 심하면 병원으로 가세요.

Q퀴즈

Q. 개미는 어디에 속하는 종인가요?

① 노린재 ② 벌목
③ 흰개미

정답은 다음 페이지에

KEEP OUT KEEP OUT

두릅나무와 헷갈리지 마!

개옻나무

최악의 가려움 유발 식물 옻나무의 대표

정보

종 : 식물
높이 : 2~8m
분포 : 한국, 일본, 중국

위험도

독의 강도 ☠☠☠☠

마주할 확률 ☠☠

떡잎이 두릅의 싹과 비슷해 주의가 필요해요. 개옻나무에는 가시가 없고 두릅나무에는 가시가 있어요.

대처법

만약 만졌다면

옻독이 오른 부위를 재빨리 씻고 항히스타민제가 들어간 스테로이드 연고를 바르세요. 가려워도 긁지 마세요. 잘 낫지 않는 경우 피부과에 방문하세요.

만지면 옻독이 오르는 식물 중 가장 유명하다고 해도 과언이 아닌 옻나무예요. 잎이 자라는 잎줄기가 붉다는 것을 기억해 두면 가까이하는 것을 막을 수 있어요. 독성분인 '우루시올' 등이 수액에 포함돼 있어 만지면 옻독이 올라요. 가을에는 아름답게 단풍이 들지만 가까이할 때는 긴 소매나 손 장갑 등으로 방지하세요.

정답 ② 벌목

가까이 다가가기만 해도 옻독이 오른다?

덩굴옻나무

옻독 식물 옻나무 중에서도 최강 독성!

정보

종 : 식물

분포 : 한국, 일본, 중국

위험도

독의 강도 ☠☠☠☠☠

마주할 확률 ☠☠

옻나무 중에서도 독성이 강하지만 아름다운 덩굴옻나무예요. 단풍이 아름다울 때 특히 조심하세요.

대처법

만약 만졌다면

옻독이 오른 부위를 재빨리 헹구고 항히스타민제가 들어간 스테로이드 연고를 바르세요. 가려워도 긁지 마세요. 잘 낫지 않는 경우 피부과를 방문하세요.

옻나무에는 다양한 종이 있는데, 덩굴옻나무는 독성이 강해 민감한 사람은 가까이 지나는 것만으로도 옻독이 오를 정도로 강력한 독성을 지녔어요. 독성분으로 '우루시올' 등이 있어요. 줄기에서 기근(공기뿌리)을 내보내 다른 나무를 감으며 올라가요. 세 잎이 쌍으로 나무에 달린 식물을 특히 주의하세요.

왁스의 원료는 옻독 오르는 식물

검양옻나무

도움되지만 옻독이 올라요

정보

종 : 식물
높이 : 3~10m
분포 : 한국(제주·전라남도), 일본, 중국

위험도

독의 강도

마주할 확률

따뜻한 지방에 자라는 낙엽 고목이에요. 예전에는 밀랍을 채취할 목적으로 재배되었으나 현재는 야생화됐어요.

대처법

만약 만졌다면

옻독이 오른 부위를 재빨리 헹구고 항히스타민제가 들어간 스테로이드제를 바르세요. 가려워도 긁지 마세요. 잘 낫지 않으면 피부과에 방문하세요.

옻나뭇과지만 단풍이 아름다워 분재, 정원수, 공원에서도 관찰돼요. 그렇다고 해도 수액에 '우루시올'이 포함돼 있어 만지면 옻독이 오르고, 민감한 사람은 가까이만 가도 증상이 나타날 수 있어요. 열매는 양초나 비누, 크레용 등의 원료로 이용할 수 있어요. 목재도 공예품 등에 쓰이고 있어요.

밝은 곳에서 잘 자라는 옻독 오르는 식물

붉나무

예로부터 사랑받은 나무에도 위험이!

정보

종 : 식물

높이 : 3~10m

분포 : 한국, 일본, 중국

위험도

독의 강도 (해골 2개)

마주할 확률 (해골 4개)

옻나무 정도는 아니지만, 드물게 옻독이 올라요. 산야에 자라는 낙엽 소고목이며 잎의 양 엽축(잎줄기)에 지느러미가 있어요.

대처법

만약 만졌다면

옻독이 오른 곳을 재빨리 헹구고 항히스타민제가 들어간 스테로이드 연고를 바르세요. 가려워도 긁지 마세요. 잘 낫지 않는 경우 피부과에 방문하세요.

붉나무라는 이름은 줄기에 상처를 입혀 하얀 액을 채취한 후, 염료로 썼던 것에서 유래했어요. 또 잎에 하얀거품붉나무벌레가 기생하면 커다란 충영(혹)이 생기고, 그곳에 포함된 풍부한 타닌에 의해 흑색 염료의 원료가 돼요. 이처럼 만능인 식물이지만, 나무 전체에 '우루시올'이 포함된 옻나뭇과 붉나무속이에요.

KEEP OUT KEEP OUT

만지거나 먹어도 중독돼요

천남성

식물계의 살무사?

주택가
공원·도심 녹지
산
물속
일본 오키나와

정보

종 : 식물
높이 : 50~60cm
분포 : 한국, 일본

위험도

독의 강도
마주할 확률

옥수수 형태의 과실은 익으면 붉게 되며, 맛있어 보이지만 독이 있기 때문에 주의가 필요해요.

대처법

만약 먹었다면

입 안이 부풀어 오르면서 아프기 때문에 곧장 병원으로 가세요. 알줄기 즙을 만지면 염증이 일어나기도 하며, 피부에 닿은 경우 곧장 물로 헹구세요.

천남성과 천남성속에 속한 다년초 식물이에요. 산지나 초원의 습한 숲에 자생해요. 가짜 줄기에 보랏빛이 도는 갈색 줄무늬 문양이 살무사와 닮았기 때문에 일본에서는 '살무사풀'이라고 불려요. 겉모습뿐만 아니라 풀 전체에 '옥살산칼슘'의 침상 결정이 포함된 유독 식물이에요. 특히 알줄기의 독성이 강해요.

성별을 바꾸는 유독 식물

무늬천남성

새빨간 열매는 맹독이라는 증거

정보

종 : 식물
높이 : 50~60cm
분포 : 한국, 일본

위험도

독의 강도 ☠☠☠

마주할 확률 ☠☠☠

천남성과 마찬가지로 익으면 옥수수 모양의 열매가 붉게 익어요. 맛있어 보여도 독이 있기 때문에 주의가 필요해요.

대처법

만약 먹었다면

입 안이 부풀어 올라 아프기 때문에 곧장 병원으로 가세요. 알줄기 즙에 닿으면 염증이 일기도 하며, 피부에 묻은 경우 곧장 물로 씻으세요.

천남성과 천남성속에 속한 다년초예요. 풀 전체에 천남성속의 특징이 있는 '옥살산칼슘'이 포함돼 있어요. 작을 때는 수꽃, 클 때는 암꽃으로 바뀌는 신기한 생태를 지닌 불가사의한 꽃이에요.

일본 3대 유독 식물 중 하나

투구꽃

이 독은 즉시 효과를 나타내요!

정보

종 : 식물
높이 : 20~150cm
분포 : 한국, 일본, 중국(동북부)

위험도

독의 강도 ☠☠☠☠☠

마주할 확률 ☠☠

해독제가 없으며, 위세척 등으로 독소를 몸 안에서 빼내는 방법밖에 없어요. 구분하는 지식을 몸에 익히도록 해요!

대처법

만약 먹었다면

먹은 경우, 입술과 혀의 마비를 시작으로 손발의 마비나 구역질, 복통, 설사, 부정맥, 혈압 저하 등을 일으켜요. 한시라도 빨리 병원으로 가세요.

산지의 나무 그늘 등을 선호하는 투구꽃은 괴담이나 신화에도 등장하는 가장 유명한 맹독 식물 중 하나죠. 청자색 꽃은 아름답지만, 풀 전체(특히 뿌리)에 '아코니틴'이라는 독이 포함돼 있어요. 남바람꽃, 쑥 등과 닮아 실수로 먹지 않도록 주의해야 해요.

뿌리와 잎에 독 있는 가시가 잔뜩

쐐기풀

작은 꽃이라고 방심하지 마세요! 가시가 있어요

정보

종 : 식물

높이 : 40~80cm

분포 : 한국, 일본, 유럽

위험도

독의 강도 ☠☠☠☠

마주할 확률 ☠☠☠☠

만지면 아픔이 있지만 목숨을 잃을 정도는 아니에요. 가시 때문에 따끔초라는 별명도 있어요.

대처법

만약 만졌다면

무심코 만지면 가시에 찔려 심한 아픔과 더불어 붉게 부풀어요. 찔린 가시는 접착테이프 등으로 말끔히 떼고 물로 씻은 후, 병원으로 가세요.

쐐기풀과 쐐기풀속에 속하는 다년초의 총칭이에요. 다소 습한 삼림의 지면 등에 자생해요. 쐐기풀의 줄기나 잎에는 가시 같은 털이 있으며, 그 속에는 두드러기나 아픔을 유발하는 '히스타민' 등이 들어 있어요. 만지면 따끔따끔한 아픔이 몇 시간 동안 이어져요.

별명, 어린이 학살자

독빈도리

붉고 달콤한 열매에 속지 마세요!

정보

종 : 식물

높이 : 1~2m

분포 : 일본, 중국, 대만

위험도

독의 강도 ☠☠☠☠☠

마주할 확률 ☠☠

현재는 방제 작업으로 대부분 자생하지 않는다고 하지만, 산지 등에서 자생하기도 해 주의해야 해요.

대처법

만약 먹었다면

현기증, 두통을 일으키며 심할 경우 전신이 마비되고 사망에 이를 수도 있어요. 증상이 가벼우면 설사약 등으로 괜찮아지기도 하지만, 의사의 처방이 필수예요.

일본 삼대 유독 식물 중 하나예요. 높이 1m~2m 정도의 낙엽저목으로 꽃은 봄에 피어요. 시작은 빨강, 익으면 거무스름한 보라색으로 바뀌어요. 열매는 선명하고 맛있어 보이며, 실제로 달다고 해요. 하지만 '코리아미르틴'과 '투틴' 등의 독이 포함돼 있어요. 게다가 줄기와 잎도 유독해요. 옛날에는 아이들이 열매를 먹고 사망한 사고가 많았다고 해요.

주택가 / 공원·도심 녹지 / 산 / 물속 / 일본 오키나와

애니메이션이나 게임에 나오는 버섯의 모델

광대버섯

유명하지만 영락없는 독버섯

정보

종 : 버섯류
높이 : 10~24cm
분포 : 한국, 일본, 중국, 유럽, 북아메리카

위험도

독의 강도 ☠☠

마주할 확률 ☠☠☠

소량으로는 위중한 중독 증상에 이르지 않지만, 해독제가 없어요(병원에서의 처치는 위세척뿐).

대처법

만약 먹었다면

먹고 30분~90분 후에 설사, 구역질, 환각 등의 증상이 나타나요. 대개 12시간~24시간이면 낫지만, 반드시 병원으로 가세요.

붉은 갓에 하얀 물방울 모양의 사마귀. 애니메이션이나 게임에 등장하는 독버섯의 모델이 된 유명한 외관을 자랑하지만, 유독 식물인 건 변함없어요. 주로 북반구의 자작나무나 소나무 숲에 자생해요. '이보텐산', '무시몰', '무스카린' 등의 독성분이 포함돼 있어요.

만지는 것도 위험한 독버섯

붉은사슴뿔버섯

괴물의 뿔 같은 외양처럼 독이 있어요

주택가

공원·도심 녹지

산

물속

일본 오키나와

정보

종 : 버섯류

높이 : 5~15cm

분포 : 한국, 일본, 유럽

위험도

독의 강도 (해골 5개)

마주할 확률 (해골 2개)

식용인 붉은창싸리버섯으로 착각해 잘못 먹거나 약용 식물로 착각해 술에 담가 먹어 버린 사례도 있어요.

대처법

만약 먹었다면

먹고 10분 전후의 짧은 시간 뒤 복통, 구역질, 설사 등의 증상이 나타나요. 회복해도 후유증이 남기도 해요. 곧장 뱉고 병원에서 위세척을 하세요.

한자로 표기하면 화염버섯(火焰茸)이에요. 그야말로 불이 타오르는 듯한 무서운 외양처럼 아주 강한 독을 지녔어요. 치사량은 고작 3g이에요. 만지기만 해도 피부가 문드러져요. 초여름에서 가을에 걸쳐 활엽수(물참나무, 졸참나무)의 썩어 쓰러진 나무뿌리 등에 발생해요. 독성분으로 '트리코테센' 등도 포함돼 있어요.

증상은 6~24시간 후에 나타나요

독우산광대버섯

하얗고 아름답지만 최강 맹독 버섯

정보

종 : 식물

높이 : 14~24cm

분포 : 한국, 일본, 오스트레일리아

위험도

독의 강도 ☠☠☠☠☠

마주할 확률 ☠☠☠

우산광대버섯이나 주름버섯과 등의 하얀 식용 버섯으로 착각할 가능성이 있으니 주의가 필요해요.

대처법

만약 먹었다면

먹은 후 6시간~24시간 후에 복통, 구역질, 설사를 일으키며, 잦아들었다고 생각했는데 1주일 후 위장에 출혈 증상이 나타나는 경우도 있어요. 빨리 병원으로 가세요.

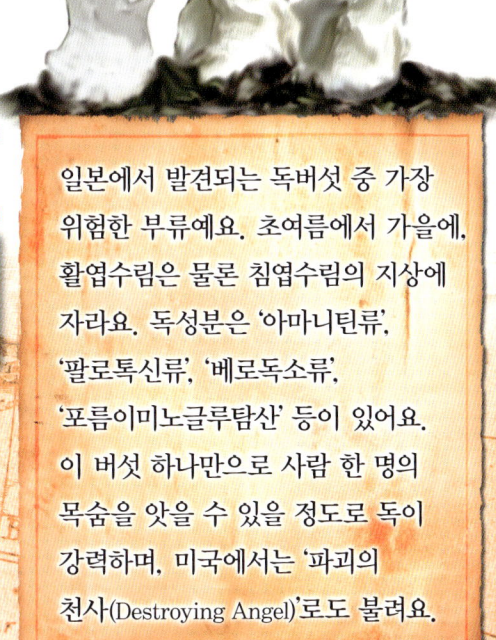

일본에서 발견되는 독버섯 중 가장 위험한 부류예요. 초여름에서 가을에, 활엽수림은 물론 침엽수림의 지상에 자라요. 독성분은 '아마니틴류', '팔로톡신류', '베로독소류', '포름이미노글루탐산' 등이 있어요. 이 버섯 하나만으로 사람 한 명의 목숨을 앗을 수 있을 정도로 독이 강력하며, 미국에서는 '파괴의 천사(Destroying Angel)'로도 불려요.

KEEP OUT KEEP OUT

먹을 수 있지만 생으로는 위험해요!

곰보버섯

맛있어 보이지만 독이 있어요

정보

종 : 버섯류
높이 : 5~12cm
분포 : 한국, 일본, 북반구 온대 지역

위험도

독의 강도

마주할 확률

조리된 것도 알코올과 함께 먹으면 산이 강해져 구역질의 원인이 된다고 해요.

대처법

만약 먹었다면

잘 익혀 먹으세요. 덧붙여, 마귀곰보버섯은 매우 강한 독을 지녀 구역질이나 설사를 시작으로 다양한 중독 증상을 일으키기 때문에 주의가 필요해요.

그물 모양의 외양이 엄청 독특한 곰보버섯과 곰보버섯속 버섯이에요. 봄에 숲속이나 길가에 자라요. 프랑스나 이탈리아 등지에서는 식용 버섯으로 친숙해 건조식품과 파스타로도 판매되고 있어요. 하지만 미량의 '하이드라진'을 포함해 생으로 먹는 건 자제하는 게 좋아요.

제 3 장

산에서 마주하는 맹독 생물

자연이 잘 보존된 산은 동물과 식물의 보고예요. 소풍 등으로 산에 가면 귀여운 동물과 예쁜 꽃을 즐길 수 있지만, 장소에 따라서는 목숨을 잃을 정도로 강한 독을 지닌 생물도 있어요…….

세계에서 가장 큰 말벌!

장수말벌

공격적인 성격에 독도 강해요

정보

이름	장수말벌	분류	곤충	몸길이	여왕벌 40~44mm 일벌 26~38mm
서식지	한국, 일본, 중국, 대만, 인도				

위험도

독의 강도 ☠☠☠☠☠

마주할 확률 ☠☠☠☠☠

*일본에서의 경우입니다.

황말벌 등 다른 말벌이나 꿀벌의 둥지를 공격하기도 해요. 유충이나 번데기를 빼앗아 먹이로 삼죠. 둥지는 나무 구멍이나 땅속 등에 지어요. 하나의 둥지에는 여왕벌과 100마리~500마리의 일벌이 생활해요.

세계에서 가장 큰 말벌이며, 여왕벌은 4cm가 넘어요. 머리가 크고 무는 힘이 아주 강해요. 독도 강력해요. 둥지를 발견해도 가까이 다가가지 않는 것은 물론, 자극하지 않도록 하세요. 지역에 따라 4월 하순경 활동을 시작해 둥지를 짓기 시작해요. 8월경에는 둥지가 크게 성장하기 때문에 여름 방학 즈음부터 가을까지는 특히 주의하세요. 그들과 마주했을 때는 손을 휘젓지 말고, 천천히 그 자리에서 멀어지세요. 하지만 둥지를 자극한 경우에는 뛰어 도망가세요. 또, 벌은 검은색에 반응해요. 벌이 있을 법한 장소에서 놀 때는 검은색 옷을 입지 않는 게 좋아요. 검은 머리카락이나 눈을 공격하는 것도 기억해 두세요.

대처법

만약 쏘였다면

벌 중에서도 쏘였을 때의 고통이 엄청나요. 뜨거운 바늘을 찌른 듯한 고통에 큰일이 날지도 몰라요. 만약 쏘였을 경우 상처를 물로 헹구고 환부를 식혀 상처를 완화하세요. 만약 숨쉬기 어려워지는 등 증상이 나타났을 때는 한시라도 빨리 병원으로 가세요.

QUIZ

Q. 장수말벌은 유충에게 어떤 형태로 먹이를 주나요?

① 고기 경단 ② 회
③ 말려서

정답은 다음 페이지에

살며시 다가오는 불쾌한 흡혈귀

산거머리(일본명)

자기 체중 100배의 흡착력으로 빨아요!

정보

이름	산거머리	분류	거머리류	몸길이	약 2cm, 늘이면 8cm
서식지	일본 고유종				

정답 ① 고기 경단

위험도

독의 강도 ☠

마주할 확률 ☠☠☠

축축한 곳을 아주 좋아해요. 예를 들어 산이나 계곡의 습지, 습한 풀 위나 수목, 비가 막 내린 산길 등은 주의가 필요해요. 어디에도 있는 건 아니지만, 주로 사슴이 많은 장소에 서식할 가능성이 높아요.

옷이나 신발 속에 들어와 피부의 부드러운 부분에 달라붙어 피를 빨아요. 이래 봬도 움직임이 민첩해요. 신발에 들러붙은 산거머리가 신발 속으로 숨어드는 시간은 고작 30초에 불과해요! 피를 빨 때 아픔이 느껴지지 않는 성분을 내뿜어 대부분 알아채지 못해요. 게다가, 혈액이 굳지 않게 하는 성분도 내뿜어 빨린 자리는 피가 잘 멎지 않아요! 빠는 힘이 매우 강해 설령 알아채 떼려고 해도 고무처럼 늘어날 뿐 잘 떨어지지 않아요. 배가 가득 차면 자연스레 떨어져요. 비가 많은 6월~7월경 특히 활발해요. 거머리가 있을 법한 장소에 갈 때는 옷의 소매, 옷자락, 발목을 때때로 확인하세요! 소금물 스프레이를 발목에 뿌리는 것도 예방법이 돼요.

대처법

만약 물렸다면

몸에 달라붙은 거머리를 떼기 위해서는 벌레 쫓는 스프레이, 소금, 알코올, 불, 핸드크림 등을 사용하세요. 떼어낸 후 상처를 잘 씻으세요. 피가 곧장 멎지는 않기 때문에 거즈 등으로 지혈하세요.

QUIZ

Q. 피가 멎지 않도록 내뿜는 성분의 이름은 무엇일까요?

① 쓰루린 ② 이소진

③ 히루딘

정답은 다음 페이지에

KEEP OUT

다른 말벌의 집을 빼앗아요!

검정말벌

쏘였을 때의 고통은
말벌계
최강!

정보

이름	검정말벌	분류	곤충	몸길이	여왕벌 27~29mm 일벌 17~24mm
서식지	한국, 일본				

정답 ③ 히루딘

위험도

독의 강도 ☠☠☠☠

마주할 확률 ☠

성격이 매우 공격적이에요. 여왕벌은 홀로 황말벌 등의 둥지에 숨어들어 그곳의 여왕벌을 죽이고 둥지를 빼앗아요. 메뚜기나 거미 등을 사냥해요. 둥지에 가까이만 가도 쏘일 수 있어요.

대다수는 산지의 숲속에 서식하지만, 민가의 지붕 뒤편이나 벽 속에 서식하기도 해요. 둥지를 지키기 위해 공격할 가능성이 있어 검정말벌의 둥지를 발견해도 가까이 다가가면 안 돼요! 검정말벌의 몸은 검은빛을 띠는 갈색이며, 머리와 가슴 부분은 붉은빛을 띠는 오렌지색이에요. 몸은 거의 비슷한 색깔에 줄무늬 모양이 없어요. 122페이지의 장수말벌보다 작지만, 쏘이면 매우 아프다고도 해요! 다른 벌처럼, 체질에 따라 쏘이면 알레르기가 생길 가능성이 있으니 기억해 두세요. 그리고 처음 쏘인 경우에도 심한 증상이 나타날 가능성이 있어요.

대처법

만약 쏘였다면

벌이 아직 가까이 있으면 서둘러 안전한 장소로 도망가세요. 10m 이상 떨어져 벌이 주변에 없는지 확인한 후 조치를 취하세요. 벌의 독은 물에 녹기 쉽기 때문에 쏘이면 곧장 물로 헹구세요. 상처의 독을 쥐어짜 내듯 하면 효과적이에요. 얼음 등으로 식히면 아픔이 덜해져요.

QUIZ

Q. 둥지를 빼앗기 위해 이용하는 건 무엇일까요?

① 냄새 ② 꽃가루 ③ 똥

정답은 다음 페이지에

KEEP OUT KEEP OUT

말벌이지만 작고 온순해요

땅벌

땅속의 알아채기 어려운 둥지에 주의!

정보

이름	땅벌	분류	곤충	몸길이	여왕벌 15mm 일벌 10~12mm
서식지	한국, 일본, 중국				

정답 ① 냄새

위험도

독의 강도 ☠☠☠☠

마주할 확률 ☠☠☠

말벌 중에서 작은 편이며, 꿀벌 정도의 크기예요. 다른 곤충 등을 공격해 먹이로 삼는데, 동물의 사체 등에서도 고기를 얻어 둥지로 운반해요. 유충이나 번데기 등을 '꿀의 아이'라 부르며 먹는 지방도 있어요.

땅벌은 기본적으로 온순한 성격의 말벌이지만, 살짝 건드리기만 해도 쏘기 때문에 주의가 필요해요. 만약 땅벌이 가까이 다가오더라도 손을 휘젓는 건 삼가세요. 평지와 산지에서도 발견돼요. 둥지는 삼림이나 밭, 하천 둑 등의 땅속에 지어요. 땅속 둥지는 알아채기 어렵기 때문에 등산로나 풀밭 등에 무심코 다가가지 않도록 주의하세요. 다른 말벌에 비해 몸집도 작고 가지고 있는 독의 양은 적지만, 방심은 금물이에요. 파리로 착각해 쏘이는 경우가 있고, 체질에 따라 심한 알레르기 증상이 나타나기도 해요. 종류에 상관없이 벌에게 쏘였다면 알레르기가 일어날 가능성이 있으니 기억해 두세요.

대처법

만약 쏘였다면

벌이 근처에 있으면 서둘러 안전한 장소로 도망가세요. 10m 이상 떨어져 벌이 주변에 없는지 확인하고 조치하세요. 벌의 독은 물에 녹기 쉬우므로 쏘이면 곧장 물로 헹구세요. 상처에서 독을 쥐어짜 내듯 하면 효과적이에요. 얼음 등으로 식히면 아픔이 덜해져요.

QUIZ

Q. 땅벌의 다른 이름은 무엇일까요?
① 좀벌 ② 땅말벌
③ 좀나방

정답은 다음 페이지에

KEEP OUT KEEP OUT

불쾌한 색과 모양의 유독한 식물

일본천남성

먹으면 입이 데인 듯 아파요!

정보

종 : 식물
높이 : 30~70cm
분포 : 혼슈, 시코쿠

위험도

독의 강도 ☠☠☠

마주할 확률 ☠☠

낮고 완만한 언덕이나 산에 자라요. 중앙에 봉이 있으며 그것을 감싸는 꽃잎 같은 부위를 '불염포'라고 해요.

대처법

만약 먹었다면

입 안이 부풀어 아프므로 곧장 병원으로 가세요. 알줄기 즙을 만지면 염증을 일으키기도 해 피부에 닿은 경우 곧장 물로 헹궈야 해요.

꽃은 4월~5월경에 피는 다년초예요. 천남성과 비슷하게 생겼으며 색은 칙칙한 보라색에 하얀 문양이 들어 있어요. 풀 전체에 '질산칼륨'의 침상 결정 성분이 포함돼 있어요. 일본천남성의 열매를 먹으면 작은 바늘 같은 결정이 입 안에 박혀 데인 듯한 고통을 동반하고, 염증을 일으켜요.

정답 ② 땅말벌

특별편

외국에서 온 화제의 맹독 생물

최근 일본에 상륙해 세간을 공포에 빠트린 외국산 맹독 생물을 소개해요. 그중에는 찔리면 죽음에 이르는 것도 있기 때문에 발견해도 부디 가까이 가지 않았으면 해요!

2017년 일본을 소란스럽게 한 외국 개미

붉은불개미

작다고 방심하지 마세요,
쏘이면 엄청 아파요!

정보

이름	붉은불개미	분류	곤충	몸길이	2.5~6mm
서식지	미정착				

위험도

독의 강도 ☠☠☠☠☠

마주할 확률 ☠

*일본에서의 경우입니다.

2017년 6월을 시작으로 일본에 침입한 것으로 확인돼 큰 소란을 일으켰어요. 독은 사냥을 위해 강화된 것으로 여겨지며, 우리 인간에게 있어 무서운 존재에요. 아직까지 일본에서의 정착이 확인되지 않았어요.

원래 남미 브라질과 우루과이 등에 서식했던 개미지만, 무역으로 운반된 화물에 섞여 세계 각지로 침입했어요. 일본에서는 2017년 6월에 처음 확인됐고, 생태계와 사람에 대한 영향이 우려되었어요. 영어로는 불개미(Fire Ant)라고 불리는 경우가 많은데, 이는 붉은불개미의 종 전체를 가리키는 말로서 일본에 침입한 종은 레드임포티드불개미(Red Imported Fire Ant, 외국에서 온 붉은 불개미)라고 불린다고 해요. 10마리의 붉은불개미에게 다섯 방씩 쏘여 주입된 독 단백질은 꿀벌에게 쏘였을 때의 1000분의 1 이하라고 해요. 하지만 그래도 벌 독에 굴하지 않는 심한 알레르기 증상을 일으키기도 해, 독의 강도가 낮다고 방심해서는 안 돼요.

대처법

만약 쏘였다면

둥지를 자극하면 집단으로 다리에 올라와 많은 붉은불개미에게 쏘이게 돼요. 그 장소에 머물면 위험하기 때문에 휘저으면서 그곳에서 벗어나 병원에 가는 게 좋아요. 붉은불개미의 최대 경쟁자는 개미라고 해요. 무심코 주변 개미를 죽이는 행동은 삼가세요.

QUIZ

Q. 개미가 몸에 잘 못 오르게 바르면 좋은 건 무엇일까요?

① 콩가루 ② 설탕

③ 베이비 파우더

정답은 다음 페이지에

한국에서 온 벌

등검은말벌

거대한 등지를 만드는 위협적인 존재!

정보

이름	등검은말벌	분류	곤충	몸길이	여왕벌 30mm 일벌 20mm
서식지	한국, 대마도				

정답 ③ 베이비 파우더

위험도

독의 강도 ☠☠☠☠☠

마주할 확률 ☠

영어명은 Asian Hornet(아시아의 말벌). 이름처럼 아시아에 광범위하게 서식하며, 인도네시아와 중국 등에 분포했어요. 하지만 중국 등검은말벌이 한국을 경유해 일본에 침입했어요.

벌이라고 하면 '노란색과 검은색 줄무늬 문양'이라는 이미지가 강한데, 122페이지의 장수말벌처럼 확연한 줄무늬 모양은 아니며 배 끝의 오렌지색 부분 이외에는 검은색이 눈에 띄어요. 크기는 원래부터 일본에 있던 황말벌과 비슷해요. 다만, 둥지가 10m 정도로 높은 곳에 있는 경우가 많고 황말벌보다 커지는 경향이 있어요. 붉은불개미도 그렇지만, 무역을 계속하는 한 일본에 새로운 종이 들어올 가능성이 있어요. 대마도뿐만 아니라 규슈 일부 지방에서도 발견되며, 이후 분포가 확대되어 정착할 수 있어요.

대처법

만약 쏘였다면

벌이 아직 가까이 있다면 서둘러 안전한 장소로 피하세요. 10m 이상 떨어져 벌이 주변에 없는지 확인하고 조치하세요. 벌의 독은 물에 녹기 쉽기 때문에 쏘이면 곧장 물로 헹구세요. 상처에서 독을 쥐어짜 내듯 하면 효과적이에요. 얼음 등으로 식히면 고통이 덜해져요.

QUIZ

Q. 등검은말벌이 좋아하는 먹이는 무엇일까요?

① 꿀벌 ② 꽃의 꿀

③ 진딧물

정답은 다음 페이지에

외국에서 온 하얀 꼬리 호박벌

꽃부니호박벌

사람이 방생해 일본의 벌과 꽃이 위험해요!

정보

이름	꽃부니호박벌	분류	곤충	몸길이	10~20mm
서식지	유럽 원산, 한국(유입), 일본				

정답 ① 꿀벌

위험도

독의 강도 ☠☠☠

마주할 확률 ☠

유럽 벌로서 일본에는 1990년대 초 즈음 들어왔어요. 토마토 하우스 재배에서 수분을 위해 이용됐어요. 하지만, 그곳에서 도망가 야생화된 개체가 일본의 자연에 영향을 주고 있어요.

노란색과 검은색 문양의 푹신한 털로 덮여 있어요. 끄트머리는 하얘요. 일본에 원래 있던 호박벌보다 다소 큰 게 특징이에요. 먹이나 둥지를 짓는 장소를 빼앗아 일본 호박벌에 영향을 주고 있어요. 그 때문에 현재는 매우 엄격히 관리되는 하우스 안에서만 국가의 허가를 받아 사육되고 있어요. 더 이상 야생의 꽃부니호박벌 개체 수를 늘리지 않기 위한 조치예요. 인간의 도움이 되도록 외국에서 들여왔지만, 지금은 유해 생물 대접을 받고 있죠……. 조금 불쌍한 운명일지도 몰라요. 하지만, 생태계를 지키기 위해 필요한 일이에요. 호박벌보다 공격적이지만, 둥지를 자극하거나 붙잡지 않으면 기본적으로 괜찮아요.

대처법

만약 쏘였다면

벌이 아직 가까이 있다면 서둘러 안전한 장소로 도망가세요. 10m 이상 떨어져 벌이 주변에 없는지 확인하고 조치를 취하세요. 벌의 독은 물에 녹기 쉽기 때문에 쏘이면 곧장 물로 헹구세요. 상처에서 독을 쥐어짜 내듯 하면 효과적이에요. 얼음 등으로 식히면 아픔이 덜해져요.

QUIZ

Q. 꽃부니호박벌의 유입이 금지된 국가는 어디일까요?

① 미국 ② 네덜란드

③ 벨기에

정답은 다음 페이지에

해외에서 태어나 일본에 정착한 독거미

붉은등거미

정보

이름	붉은등거미	분류	거미류	몸길이	수컷 3~5mm 암컷 10mm 전후
서식지	일본, 뉴질랜드, 호주, 유럽 등				

정답 ① 미국

위험도

독의 강도 ☠☠☠☠

마주할 확률 ☠☠

1995년에 돌연 일본에 나타나 큰 소란이 된 독거미예요. 원래는 호주와 뉴질랜드, 인도, 동남아시아 등에 있었어요. 외국에서 배의 화물 등에 붙어 침입한 듯해요.

공 같은 둥근 몸에 붉은 문양이 있어요. 적극적으로 공격하진 않지만, 매우 강한 독을 지녀 각별한 주의가 필요해요. 일본에서는 '등붉은미망인거미'라 불리는데, 미망인은 남편이 사망한 아내를 이르는 말이에요. 암컷이 수컷을 먹기 때문에 이러한 이름이 붙여졌어요. 길가의 도랑이나 맨홀 틈, 배수구의 파이프 안, 자동판매기나 냉방 송풍기 뒤편 등에서 자주 관찰돼요. 양지바른 곳에 있는 건물의 움푹 팬 곳이나 구멍과 홈, 벌어진 틈에 둥지를 틀어요. 성격은 온순하기 때문에 몸에 달라붙어도 당황하지 말고 살며시 털어 내세요. 물리면 바늘로 찔린 듯한 아픔이 느껴져요. 아픔이 점점 심해져 견디기 힘든 심한 고통이 돼요.

대처법

만약 물렸다면

만약 물렸을 때는 물로 씻고 얼음으로 식히면서 곧장 병원으로 가세요. 땀이나 구역질 등의 증상이 심한 경우 서두르는 게 좋아요. 물리고 3시간~4시간 후가 절정이며, 몇 시간~며칠 후에 잦아들어요. 해외에서는 사망한 사례도 있어 방심은 금물이에요.

QUIZ

Q. 1995년에 일본에서 붉은등거미가 발견된 지역은 어디일까요?

① 도쿄 ② 아이치 ③ 오사카

정답은 다음 페이지에

남미에서 태어난 거대 두꺼비

수수두꺼비

이선에서 다량의 독을 분사해요!

정보

이름	수수두꺼비	분류	양서류	몸길이	10~20cm
서식지	일본, 미국, 페루, 멕시코 등				

정답 ③ 오사카

위험도

독의 강도

마주할 확률

사탕수수 밭의 해충 제거를 위해 남미에서 들여왔어요. 사탕수수 밭과 인가 근처의 광활한 지역에 많아요. 열대에 적응한 종으로 여겨지며, 고온에도 강해요. 달팽이, 지네, 노래기, 때로는 작은 쥐 등도 먹어요.

수수두꺼비는 매우 커다란 두꺼비로 남미에서 들여왔어요. 혼슈에 서식하는 관동두꺼비나 일본두꺼비와 비교하면 두 배 이상 덩치가 큰 개체도 있어요. 재래 두꺼비종과 마찬가지로 이선에서 독액을 분사할 수 있어요. 다른 두꺼비보다 만드는 독의 양도 많아서, 이리오모테 섬(오키나와현 소재)의 이리오모테들고양이나 관수리 등의 희소종이 수수두꺼비를 먹고 죽는 것이 우려돼요. 능구렁이라는 뱀이 먹고 죽은 사례는 실제로 관찰됐다고 해요. 그 외에도 이 두꺼비를 먹이로 먹고 사망한 재래 생물이 많아 그 영향력이 우려되고 있어요.

대처법

만약 만졌다면

만진 후에는 반드시 손을 씻고, 만약 독액이 직접 눈에 들어간 경우 곧장 물로 헹구세요. 이때, 세면대에 고인 물이 아니라 수도꼭지에 눈을 가까이 해 철퍽 헹구는 게 좋아요. 눈에 들어간 경우 병원으로 가세요.

QUIZ

Q. 수수두꺼비의 이선은 어디에 있을까요?

① 눈 뒤 ② 입 옆

③ 등

정답은 다음 페이지에

반시뱀보다 작지만 독은 위험해요!

타이완하브

재빠른 움직임과 강한 독이 무기예요

정보

이름	타이완하브	분류	파충류	몸길이	60~120cm
서식지	일본, 중국, 대만				

정답 ① 눈 뒤

위험도

독의 강도 ☠☠☠☠☠

마주할 확률 ☠☠

저지대부터 산지, 삼림 등 다양한 장소에 서식해요. 주택가 근처에도 먹이나 살 공간이 있다면 있을 가능성이 있어요. 원래는 중국 남부나 대만에 서식하는 뱀이에요. 육식이며 쥐나 개구리 등을 포식해요.

몽구스와의 결투 쇼나 반시뱀 술을 만들기 위한 반시뱀 대신 1970년대에 오키나와로 수입되었어요. 그것이 도망가 야생화된 종이에요. 밤이 되면 활발히 돌아다녀요. 회색빛이 도는 갈색 몸에 거무스름한 문양이 있고, 오키나와 뱀으로 유명한 반시뱀이나 사키시마반시뱀과 매우 닮았어요. 타이완하브는 몸이 작은 만큼 가지고 있는 독의 양이 적지만, 사람을 물기도 해 주의해야 해요. 죽음에 이르진 않아도, 엄청난 고통을 겪을 수 있고 후유증을 동반할 가능성도 있어 절대로 방심해선 안 돼요. 작아도 타이완하브는 반시뱀이에요. 또한, 타이완하브가 있을 법한 장소에 갈 때는 장화를 신으면 조금은 안심할 수 있어요. 반대로 샌들 등을 신고 돌아다니는 건 위험해요.

대처법

만약 물렸다면

만약 물렸다면 뛰어서라도 병원으로 가세요. 예전에는 안정된 후 병원에 가도록 했지만, 최근의 연구에 따르면 뛰어도 좋으니 한시라도 빨리 병원에 가는 게 좋다는 게 밝혀졌어요. 만약 물렸다면 여러 수단 중 가장 가까운 병원에 가는 방법을 찾으세요.

QUIZ

Q. 뱀이 지닌 적외선을 감지하는 기관의 이름은 무엇일까요?

① 아트 ② 피트 ③ 세트

정답은 다음 페이지에

일본 본토에 사는 독 없는 뱀 ①

모든 뱀이 독을 지녔다고 생각할 수 있지만, 실은 그렇지 않아요.
일본에서 가장 큰 종부터 인간의 생활에 도움을 주는 종까지, 독 없는 뱀들을 소개할게요!

일본쥐뱀

일본에서 가장 큰
독 없는 뱀

홋카이도에서 규슈까지 분포하는 뱀으로서, 이 지역 안에 서식하는 뱀 중에서 가장 커요. 산에서도 관찰되지만, 사람이 생활하는 야산에서도 자주 보여요. 인가나 창고에 서식하기도 해요.

줄무늬뱀

일본쥐뱀에 버금가는 노란색에 검은 세로 줄무늬 종

환경이 아주 좋은 섬에서는 2m에 달하는 줄무늬뱀이 서식하기도 하지만, 주로 보이는 건 1m 정도의 크기예요. 개구리를 좋아하는 뱀이며 일본쥐뱀이 서식하는 지역이라면 거의 있어요.

지무구리(일본명)

갈색과 검은색 반점을 지닌 땅속의 두더지 사냥꾼

몸길이는 80cm~1m 정도예요. 기본적으로 산지에 서식해요. 땅에 숨어있는 걸 좋아하는 성격이라 '땅숨이'라는 별명이 있을 정도예요. 매우 온순한 성격을 지녔어요.

정답 ② 피트

제 4 장

물속·물가에서 마주하는 맹독 생물

여름이라고 하면 바다, 그리고 강이죠! 헤엄치고, 낚시하고, 신기한 생물을 발견하는 등 재미가 가득해요. 하지만 물속에 사는 생물은 강력한 독을 지닌 것도 있어요. 무심코 손대지 않도록 주의하세요!

피를 빨기 위해 논밭에 숨어 있어요

참거머리

고통 없이
어느새
피가 빨려요

정보

이름	참거머리	분류	거머리류	몸길이	30~40mm
서식지	한국, 일본, 중국				

위험도

독의 강도 ☠

마주할 확률 ☠☠

호수, 늪, 완만하게 흐르는 하천 등에 서식해요. 친숙한 논밭 등에서 마주하기도 하지만, 농약의 영향으로 수가 줄었다고 해요. 논밭에 들어가면 장딴지에 몇 마리가 달라붙기도 해요.

등은 녹색 빛을 띠는 갈색이며 노란 빛을 띠는 갈색 세로선이 몇 줄 있어요. 맨손으로 농사를 짓거나 물장구를 치면 피부에 달라붙어 피를 빨릴 수 있어요. 아픔을 느끼지 못하는 물질을 분비하기 때문에 피를 빨릴 때 알아채기 어려워요. 피가 굳지 않게 하는 '히루딘'이라는 물질을 분비하기 때문에 빨린 후에는 피가 잘 멎지 않아요. 빠는 힘이 매우 강해 잡아당겨도 떼어 내기 어려워요. 뗄 때는 무리하게 잡아당기지 말고 소금이나 벌레 쫓는 스프레이, 알코올 등을 뿌리세요. 민달팽이처럼 약한 피부를 지녀 소금 등에 약하기 때문에 스스로 떨어져요. 과거에는 참거머리를 물과 함께 마시는 바람에 목과 식도에 붙어 피를 빨린 무서운 사례도 있다고 해요.

대처법

만약 물렸다면

몸에 달라붙은 거머리를 뗄 때는 벌레 쫓는 스프레이, 알코올, 불, 핸드크림 등을 사용하면 돼요. 떼어낸 후 상처를 잘 씻으세요. 피가 바로 멎지는 않기 때문에 거즈 등으로 지혈하세요.

QUIZ

Q. 거머리는 어디에 유용하게 쓰이고 있을까요?
① 병의 치료 ② 술 제조
③ 농사

정답은 다음 페이지에

경이로운 재생 능력을 자랑하는 일본 영원

일본얼룩배영원

복어와 같은 독으로 몸을 보호해요

정보

이름	일본얼룩배영원	분류	양서류	몸길이	10cm
서식지	혼슈, 시코쿠, 규슈의 물가				

정답 ① 병의 치료

위험도

독의 강도 (해골 2개)

마주할 확률 (해골 3개)

호수, 논밭, 늪, 습지, 작은 강 등에서 생활하지만 육지로도 올라와요. 몸을 재생하는 능력이 뛰어나서 다리가 잘려도 뼈까지 완벽히 재생할 수 있어요! 그렇다고 장난삼아 다치게 하진 마세요.

일본에서 '영원(도룡뇽목 영원과)'이라고 할 때는 이 종을 지칭하는 게 대부분이에요. 등은 거무스름한 갈색, 배는 빨강과 오렌지색으로 검은 문양이 점처럼 박혀 있어요. 이 화려한 색을 '경계색'이라고 해요. 다른 생물에게 자신이 독을 지녔다는 것을 알리기 위해 눈에 띄는 것이죠. 4월~6월경 번식기가 되면 수컷은 '혼인색'이라고 불리는 결혼을 위한 청자색을 몸에 두르고 암컷을 유혹해요. 사육용으로 애완동물 가게 등에서도 팔리고 있어요. 그렇다곤 해도 방심하면 안 돼요. 복어의 독과 같은 '테트로도톡신'이라는 독을 지녔어요! 직접 먹을 일은 없겠지만, 만진 후에는 손을 반드시 씻으세요.

대처법

만약 만졌다면

살짝 만진 정도로는 별다른 해가 없어요. 하지만 계속 만지면 찌릿한 감각이 느껴지고, 그 손으로 입이나 눈을 만지면 심한 고통이 느껴져요. 만졌을 때는 곧장 물로 손을 씻으세요. 씻지 않은 채 눈이나 입 등의 점막을 만지면 안 돼요.

QUIZ

Q. 일본얼룩배영원의 별명은 무엇일까요?

① 일본영원 ② 관동영원 ③ 혼슈영원

정답은 다음 페이지에

성격은 난폭하지만 먹으면 맛있어요

기기(일본명)

나를 만지면 푹 찔릴 수 있다고!

주택가
공원·도심 녹지
산
물속
일본 오키나와

정보

이름	기기	분류	어류	몸길이	20~30cm
서식지	혼슈 중부 이남의 강과 호수				

정답 ① 일본영원

위험도

독의 강도

마주할 확률

독은 미량이 있으며 찔리면 심한 아픔을 동반하지만, 자연스레 가라앉는다고 해요. 하지만 어떤 지역에는 마찬가지로 '기기'라 불리는 메기목 해수어 '쏠종개'가 서식하는데 강한 독이 있기 때문에 주의가 필요해요.

기기는 메기목 동자개과에 속하는 민물고기로 별명은 민둥기기예요. 몸은 검은색과 노란색이 섞인 갈색으로, 강이나 호수의 물가 근처의 얕은 바위 터 등에도 서식해요. 가슴지느러미의 가시와 그 토대가 되는 뼈를 맞대어 "기익기익" 하는 소리를 내 일본에서 '기기'라고 불려요. 야행성이며 성질이 난폭하고 공격성이 강해요. 밤이나 비 내린 후, 물이 탁할 때 작은 동물을 사냥해요. 메기목스러운 턱수염이 특징이며, 독은 등지느러미와 가슴지느러미의 가시에 있어요. 그렇다곤 해도 비린내가 없고, 열을 가해도 딱딱해지지 않아 맛있게 먹을 수 있어요. 특히 오카야마현을 중심으로 서일본에서 친숙하며, 익힌 생선과 생선 즙이 유명해요. 지금은 하천이 황폐화되어 멸종 위기종으로 지정돼 있고, 고급 생선으로 여겨져요.

대처법

만약 찔렸다면

단백질성 독이기 때문에 가열하면 사라져요. 요리할 때는 독침을 주의하세요. 또한 가시에 찔린 경우 독을 제거하고 환부의 피를 짜내세요. 이후 환부를 잘 씻고 소독한 후, 세균에 의한 2차 감염을 막아야 해요. 그런 다음 병원으로 가세요.

QUIZ

Q. 기기의 수염은 몇 개일까요?

① 여섯 개 ② 여덟 개
③ 일정하지 않다

정답은 다음 페이지에

따라다니면 독가시를 세우고 위협해요

쏠배감펭

독을 지닌 우아한 바다의 귀부인

정보

이름	쏠배감펭	분류	어류	몸길이	약 25cm
서식지	한국, 일본, 동중국해의 바다				

정답 ② 여덟 개

위험도

독의 강도 ☠☠☠

마주할 확률 ☠☠

'바다의 귀부인'이라고 불리는 아름다운 자태를 지녀 발견하면 쫓아다니고 싶어지지만, 자극하면 돌아서는 높은 공격성을 지닌 물고기예요. 낚시로 잡은 후 바늘을 빼려다가 찔리는 경우도 많아요.

쏨뱅이목 양볼락과에 속하는 해수어예요. 일본에는 홋카이도 남부 이남 연안부에 서식하고 있어요. 등지느러미와 배지느러미에 단백질성 독을 지녔어요. '바다의 귀부인'이라고 불릴 정도로 우아하게 헤엄치는 모습이 특징이지만, 독을 지닌 것을 스스로 알고 있는지 대담하게 행동하는 귀부인이라 주의가 필요해요. 가까이 위협해도 도망치지 않고 독가시를 세운 채 위협해요. 야행성이며, 낮에는 산호나 바위 터의 그늘에 숨어 있어요. 근래에 태평양이 고향인 쏠배감펭이 관상용으로 키우던 개체가 버려져서 대서양 쿠바 연안에 정착했다고 해요. 그런데 닥치는 대로 어린 물고기를 잡아먹고 있어서 생태계 교란종으로 떠오르고 있어요.

대처법

만약 찔렸다면

죽음에 이르지는 않지만 찔리면 심한 고통이 일며 환부가 붉게 부풀어 올라요. 현기증이나 구토감이 느껴질 수도 있어요. 환부를 화상을 입지 않을 정도의 물에 30분~1시간 담그면 독성분이 불활성화해 고통이 잦아들어요. 물론, 한시라도 빨리 병원에 가는 게 중요해요.

QUIZ

Q. 쏠배감펭의 알은 무엇으로 감싸여 있을까요?

① 설탕 ② 젤라틴 ③ 해조 칼슘

정답은 다음 페이지에

두껍고 늠름한 가시에 독이 있어요

독가시치

주택가
공원·도심 녹지
산
물속
일본 오키나와

정보

이름	독가시치	분류	어류	몸길이	약 20cm
서식지	한국, 일본, 대만, 호주				

정답 ② 젤라틴

위험도

독의 강도 ☠☠☠☠

마주할 확률 ☠☠

낚시로도 인기인 물고기지만, 낚은 경우 가시에 찔리지 않게 가위 등으로 지느러미를 잘라야 해요. 등지느러미, 배지느러미, 꼬리지느러미 모두에 독을 머금은 가시가 있어요. 가시는 목장갑을 껴도 관통할 정도로 예리해요.

농어목 독가시치과로 분류된 해수어예요. 몸은 20cm 정도의 크기를 지녔으며, 나뭇잎처럼 좌우로 평평해요. 색은 갈색에 가로줄무늬가 몇 개 있으며, 온몸에 새하얀 반점이 있어요. 독이 있는 건 등지느러미, 배지느러미, 꼬리지느러미의 가시예요. 매우 강하고 두껍고 예리한 가시가 갈기처럼 빙 둘러져 있어요. 고기는 독이 있고 바다 내가 나지만 시코쿠, 규슈, 오키나와 등지에서는 맛있는 생선으로 친숙해요. 해조류가 무성한 연안의 얕은 암초 지역 주위에 무리를 이루어 살아요. 산란기는 7~8월로, 연안의 암초 또는 해조류가 많은 곳에서 알을 낳아요. 부화한 새끼들은 물 위에 떠다니며 동물성 플랑크톤을 먹으며 성장해요.

대처법

만약 찔렸다면

찔리면 몇 시간~몇 주간 아파요. 독가시치가 죽어도 독은 없어지지 않아요. 찔린 경우 상처에서 독을 짜낸 후, 환부를 물에 30분~1시간 정도 담그면 독소 단백질이 불활성화되어 아픔이 줄어요. 물론 한시라도 빨리 병원에 가는 게 중요해요.

QUIZ

Q. 서일본에서는 독가시치를 바리라고 부르는데, 이 이름의 유래는 무엇일까요?

① 오줌 ② 똥 ③ 바닷가

정답은 다음 페이지에

물가에서 놀거나 낚시할 때 방심할 수 없다?

쏠종개

가시뿐만 아니라 표면에도 독이 있어요!

정보

이름	쏠종개	분류	어류	몸길이	20~30cm
서식지	한국, 일본, 호주				

정답 ① 오줌

위험도

독의 강도 ☠☠☠☠

마주할 확률 ☠☠☠

따뜻한 바다의 얕은 곳에 서식해요. 바위 터나 항구 등에서 종종 발견되며, 때로는 바위 밑 등에 숨어 있는 걸 좋아해요. 낮 동안은 숨어 있고 밤이 되면 작은 물고기나 동물을 잡아먹어요. 치어는 '쏠종개구슬'이라고 불리는 무리를 짓고 헤엄쳐요.

등지느러미와 가슴지느러미에 단단하고 예리한 독가시를 지니고 있어요. 물가에서 놀거나 방파제 등에서 낚시할 때는 특히 주의하세요. 얕은 여울을 헤엄치는 쏠종개를 건지거나 낚싯바늘에서 떼려 할 때 찔리는 경우도 많아요. 바늘에 묶은 실째 자르는 게 안전해요. 죽어도 독은 남기 때문에 방심하지 마세요. 찔리면 타는 듯한 고통이 따르며 붉게 부풀어 올라요. 욱신거리는 아픔이 퍼져 최악의 경우 상처 주변이 괴사하기도 해요. '쏠종개구슬'에도 손대지 마세요. 게다가 쏠종개는 몸 표면에도 독이 있는 것으로 알려져 있어요. 가시에 찔리지 않아도 손 등의 상처 있는 부위로 독이 들어올 수 있기 때문에 맨손으로는 절대 만지지 마세요.

대처법

만약 찔렸다면

우선 박힌 가시를 제거하세요. 손톱 끝 등을 사용해 독을 쥐어짜 내듯 빼고, 깨끗한 물로 잘 헹구세요. 물에 담그면 아픔이 가라앉아요. 소독하고 화농을 완화하는 약을 바르세요. 박힌 가시가 몸 안에 남아 있을 때나 아픔이 가라앉지 않을 때는 병원으로 가세요.

QUIZ

Q. 쏠종개의 독은 어떤 종류일까요?
① 단백질 ② 지방
③ 비타민

정답은 다음 페이지에

KEEP OUT KEEP OUT

모래땅에 숨어든 평평한 생물

노랑가오리

주택가
공원·도심 녹지
산
물속
일본 오키나와

정보

이름	노랑가오리	분류	어류	몸길이	약 2m
서식지	한국, 일본, 중국 등의 서태평양				

정답 ① 단백질

위험도

독의 강도

마주할 확률

겨울에는 깊은 바다 밑에 서식하지만, 따뜻한 계절이 되면 번식을 위해 얕은 연안의 모래밭에 몰려요. 일본에서 가장 자주 보이는 가오리예요. 이래 봬도 육식이며 조개나 갑각류, 환형동물 등을 먹어요.

원이나 마름모 모양인 몸은 거무스름한 갈색을 띠며, 노란색이나 오렌지색 테두리로 둘러싸인 노랑가오리. 모래밭 밑에 숨으면 알아채기 어렵기 때문에 손이나 발이 바다 밑에 닿을 때는 주의가 필요해요. 꼬리 끝에서 살짝 떨어진 곳에 톱날 같은 울퉁불퉁하고 커다란 독가시가 한두 개 있어요. 게다가 죽은 가오리여도 독은 없어지지 않기 때문에 방심은 금물이에요. 독가시는 예리하고 찔리면 박히거나 피부를 깊게 상처 내요. 찔린 부분은 부풀어 심하게 아프고 장시간 이어져요. 전신에 경련을 일으키거나 찌릿찌릿한 아픔이 느껴지기도 해요. 열이 나거나 구역질과 설사 등이 일어나기도 하며, 최악의 경우 죽음에 이르기도 해요!

대처법

만약 찔렸다면

가시가 박힌 경우 맨손이 아닌 펜치 등을 사용해 제거하세요. 낚싯바늘처럼 날이 휘어 있어 빼기 어렵기 때문에 주의하세요. 물에 담그면 아픔이 줄어요. 출혈이 심한 경우나 열과 구역질, 설사 등이 일어났을 때는 조금이라도 빨리 병원으로 가세요.

QUIZ

Q. 가오리를 밟지 않기 위한 효과적인 걸음걸이는 무엇일까요?
① 갈지자 걸음 ② 살금살금 걸음
③ 스치듯 걸음

정답은 다음 페이지에

KEEP OUT KEEP OUT

선명한 색과 모양을 띠어요

파란선문어

맹독으로 먹잇감을 마비시켜 잡아요

정보

이름	파란선문어	분류	연체동물	몸길이	5~25cm
서식지	한국, 일본, 호주의 바다				

정답 ③ 스치듯 걸음

위험도

독의 강도 ☠☠☠☠☠

마주할 확률 ☠☠

얕은 바다의 바위나 산호초, 모래와 작은 바위 등이 섞인 바다의 바닥 등에 서식하는 작은 문어예요. 바위 밑이나 구멍에 숨어 있어 발견하기 어려워요. 여덟 개의 다리가 달린 부속지의 정중앙에 있는 주둥이 같은 입으로 먹이를 잡아요.

붉은빛이 도는 갈색이나 노란빛을 띠는 갈색 몸을 지녔어요. 흥분하면 파란 링 문양이 두드러져요. 색이 선명하고 예쁘지만, 무심코 자극하지 않도록 해요! 물 때 독을 주입하며 게나 새우 등의 먹이를 마비시켜 먹어요. 독은 복어와 같은 '테트로도톡신'이라는 물질이에요. 물리면 마비나 현기증이 일 수 있어요. 이후 말이 잘 안 나오거나 눈이 보이지 않게 되고, 마지막에는 토하거나 호흡하기 어려워져요. 물리면 반드시 독이 주입되는 건 아니며, 아무 일 없을 수도 있어요. 그렇더라도 반드시 병원에 가 6시간은 상태를 봐야 해요. 어떤 일이 일어날지 모르기 때문에 방심하지 마세요.

대처법

만약 물렸다면

마비가 시작되지 않았을 때 육지로 올라와 도움을 청하세요. 얼굴이나 목을 물리면 사망하는 경우도 있으니 가능한 한 서두르세요. 다만 독이 빨리 오르기 때문에 절대로 뛰면 안 돼요. 서둘러 구급차를 부르세요. 삼키면 위험하기 때문에 입으로 독을 빨아 뱉는 건 안 돼요.

QUIZ

Q. 유독한 생물이 지닌 화려한 몸 색깔의 이름은 무엇일까요?
① 경계색 ② 보호색
③ 형광색

정답은 다음 페이지에

무색투명한 맹독의 소유자

행등해파리(일본명)

긴 촉수에 어느새 쏘여요

정보

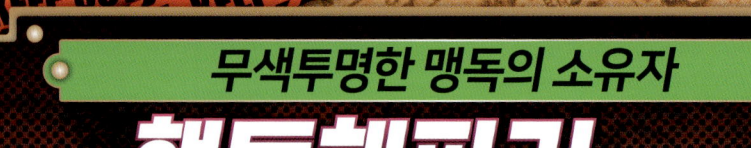

이름	행등해파리	분류	자포동물	몸길이	갓 약 30mm 촉수 약 300mm
서식지	일본 전국의 바다				

정답 ① 경계색

위험도

독의 강도 ☠☠

마주할 확률 ☠☠☠☠

여름 막바지에 해수욕장에서 대량으로 발생하기도 해요. 갓은 종 같은 모양을 띠며, 그곳에서 촉수가 뻗은 모습이 '행등'을 닮아 이름이 붙여졌어요. 대부분 투명하기 때문에 알아채기 어려워요.

태양 빛에 민감해 햇볕이 강한 날에는 물속에 깊게 잠수해 있어요. 저녁이나 이른 아침, 또는 구름 낀 날에는 수면 가까이 떠올라요. 갓의 몇 배에 달하는 기다란 촉수에는 자포라는 독주머니가 있어요. 자극하면 실이 튀어 나가는 구조로 돼 있고, 이걸로 작은 동물을 쏴요. 거의 투명하기 때문에 물속에서는 긴 촉수가 눈에 잘 들어오지 않아 모르는 새 쏘이기도 해요. 8월 중순이 지난 무렵 바다에 들어갈 때 특히 주의해야 해요. 가능한 한 피부를 노출하지 않는 게 좋아요. 쏘이면 화상을 입은 듯한 심한 고통이 일고, 빨간 물집이 생겨요. 강력한 독에 쏘여 죽은 어린아이도 있을 정도예요. 촉수는 조각조각 잘려서 쏘인 부분에 남기도 해요. 치료할 때 주의하세요.

대처법

만약 쏘였다면

비비지 말고 자포나 촉수 등을 바닷물로 헹군 후 얼음이나 냉수로 식히세요. 담수를 사용하면 자포에서 독이 발사될 수도 있기 때문에 반드시 바닷물을 사용하세요! 증상이 가볍지 않을 경우 병원으로 가세요. 만약 쇼크 증상이나 호흡 곤란이 일면 반드시 구급차를 부르세요.

QUIZ

Q. 행등해파리는 어디에 속할까요?

① 사각해파리 ② 상자해파리 ③ 주사위해파리

정답은 다음 페이지에

수많은 촉수를 지닌 봄 해파리

붉은쐐기해파리

죽은 걸 말려도 피해를 입을 수 있어요

정보

이름	붉은쐐기해파리	분류	자포동물	몸길이	갓 10~15cm 촉수 2m
서식지	일본 전국의 바다				

정답 ② 상자해파리

위험도

독의 강도 ☠☠☠☠☠

마주할 확률 ☠☠☠

다른 해파리가 적은 겨울~초여름에 자주 보여요. 이 시기에 물가에서 놀거나 개펄 조개잡이 등을 할 때는 주의가 필요해요. 해안가에 종종 올라오기도 해요. 갓은 옅은 오렌지색이며 붉은 줄무늬가 들어 있어요. 촉수는 2m가 넘는 것도 있어요.

갓의 테두리에서 뻗어 나온 기다란 촉수는 40개에 달해요. 촉수에는 독주머니가 달려 있는데 이는 자포라는 것으로, 촉수에 닿으면 그곳에서 실이 튀어나와 상대를 쏴요. 자포를 만지면 심한 고통이 느껴지며 물집이 생겨요. 기본적으로 붉은쐐기해파리의 독이 직접 작용해 사망하는 경우는 없지만, 벌과 마찬가지로 심한 알레르기 증상을 일으키고, 그것이 원인이 되어 죽음에 이를 가능성이 있어요. 이것이 호흡 곤란을 일으키는 등 사망에 이르게 할 수도 있으니 주의하세요. 해안가에 떠돌아다니는 사체도 종종 보이는데, 만져선 안 돼요. 말린 붉은쐐기해파리 가루를 마시면 재채기를 유발하기 때문에 '에취 해파리'라고도 불려요.

대처법

만약 쏘였다면

쏘이면 곧장 육지로 올라오고, 경련이나 구역질, 호흡 곤란 등 쇼크 증상이 나타나면 서둘러 구급차를 부르세요. 쏘인 부위는 비비지 말고 바닷물로 씻으세요. 촉수나 자포가 남아 있으면 바닷물로 제거하세요. 담수는 자포를 자극해 독을 내뿜게 하기 때문에 쓰면 안 돼요!

QUIZ

Q. 해파리와 가까운 종은 어느 것일까요?

① 말미잘 ② 따개비
③ 갯반디

정답은 다음 페이지에

아름다운 푸른색을 띠는 맹독 해파리

작은부레관해파리

정보

이름	작은부레관해파리	분류	자포동물	몸길이	갓 10cm 촉수 10~20m
서식지	한국, 일본의 바다				

정답 ① 말미잘

위험도

독의 강도 ☠☠☠☠☠

마주할 확률 ☠☠☠

한 마리로 보이지만 실은 히드로충이라는 벌레가 모여 이뤄져 있어요. 쿠로시오 난류를 타고 남쪽 바다에서 북상해요. 갓은 부레 역할을 해 '기포체'라고도 하며, 이로부터 이름이 붙여졌어요.

청자색 기포체가 부레 역할을 해 바닷물에 뜰 수 있어요. 그 밑에 있는 촉수가 매우 길어 기포체로부터 지름 30m 이내는 위험해요. 촉수의 끝에는 평범한 해파리와 마찬가지로 자포라는 독주머니가 있어요. 이 촉수로 물고기 등을 붙잡아 먹어요. 쏘인 순간 전류가 흐르는 듯한 심한 고통이 일고 적자색으로 부풀어 물집이 생기기도 해요. 두통이나 구역질, 호흡 곤란을 일으켜 죽음에 이르기도 해요. 바다에 뜬 파란 비닐처럼 보이기도 하지만, 발견하면 곧장 멀어지세요. 바람이 강할 때는 해변 근처까지 올라오기 때문에 주의해야 해요. 해수욕장의 해파리 정보를 확인하고, 발생했을 때는 가까이 가지 마세요. 항만에서 건진 것도 만지지 마세요!

대처법

만약 쏘였다면

경련 등 쇼크 증상이 나타나면 구급차를 부르세요. 촉수가 남아 있다면 핀셋이나 가느다란 봉 등을 사용해 제거하세요. 촉수가 들러붙어 있다면 양동이나 페트병에 바닷물을 담아 뿌리세요. 담수를 뿌리거나 비비면 자포를 자극해 증상이 악화될 수 있어요.

QUIZ

Q. 작은부레관해파리의 별명은 무엇일까요?

① 전기해파리 ② 물방울해파리
③ 긴다리해파리

정답은 다음 페이지에

무수한 강모에 다량의 독이 있어요

양목갯지렁이

유유히 바다를 유영하는 무서운 독모충

정보

이름	양목갯지렁이	분류	다모류	몸길이	5~15cm
서식지	혼슈 중부 이남의 바다				

정답 ① 전기해파리

위험도

독의 강도 ☠☠

마주할 확률 ☠☠

육식이며 해저에 있는 갯지렁이 등의 생물이나 사체를 먹어요. 조수의 흐름이 완만해 물이 고이기 쉬운 장소 등 수질이 안 좋은 곳을 선호해요. 털이 아주 무르며 찔리면 바로 꺾여 빼기 어렵고, 독이 곧장 몸 안으로 들어와요.

한자로 하면 '해모충(海毛蟲)', 즉 바다에 있는 모충이에요. 환형동물문 양목갯지렁이과에 속하는 생물의 총칭이에요. 따뜻한 해역을 선호하며 혼슈 중부 이남, 태평양 남서부, 인도양에 분포하고 있어요. 몸 옆면에 털이 있으며 경계할 때 털을 곤두세워요. 이 털은 '콤플라닌'이라는 성분이 포함된 독침으로 돼 있어 맨손으로 만지면 찔려요. 찔리면 독이 주입되어 독침을 빼도 독이 돌게 돼요. 겉모습도 무시무시하지만, 실제로도 무서운 생물이죠. 해저의 모래 밑에 숨어 있는 경우가 많지만, 밤에는 바닷속을 헤엄쳐요. 낚시할 때 미끼를 움직이지 않고 가만히 놔두면 걸리기도 해요. 또 바다 생물을 사육할 때 우연히 섞여 수조 안에서 크게 번성하기도 해요.

대처법

만약 찔렸다면

심한 고통과 물집, 가려움을 동반해요. 가려움은 1주일 동안 지속되기도 해요. 우선, 환부는 절대 비비지 말고 강하게 누르지 않아야 하며, 접착테이프 등으로 붙은 털을 떼어낸 후 흐르는 물에 헹궈야 해요. 그리고 알코올 등으로 소독하세요.

Quiz

Q. 양목갯지렁이의 영어 이름은 무엇일까요?

① Sea worm

② Water worm

③ Fire worm

정답은 다음 페이지에

COLUMN

일본 본토에 사는 독 없는 뱀 ②

독 없는 뱀 소개 제 2탄에서는 작은 종을 골라 봤어요. 독이 없고, 크지도 않고, 성격도 온순한……. 왠지 뱀을 좋아하게 될지도 모른다고요?

대륙유혈목이

수영도 특기인 물고기 사냥꾼

몸길이는 40~60cm 정도로 작아요. 등쪽은 짙은 갈색이고 목에 옅은 띠 모양 무늬가 있어요. 삼림에 서식해요.

타카치호뱀(일본명)

온순한 성격의 희귀한 뱀

작은 건 30cm 정도밖에 안 되는 작은 뱀이에요. 주로 지렁이를 먹이로 삼고, 성격이 매우 온순한 것으로 알려져 있어요. 몸은 갈색이며 검은 줄무늬가 있어요.

흰능구렁이

환상의 뱀이라고 불리는 진귀한 종?

몸길이는 30~70cm 정도예요. 이름처럼 몸에 하양과 검은 얼룩무늬가 있어요. 성격은 온순하며 눈도 작고, 뱀 중에 월등하게 귀여운(?) 종이에요. 삼림에 서식해요.

정답 ③ Fire worm

제 5 장

일본 오키나와의 맹독 생물

일본의 혼슈에 비해 겨울에도
따뜻하고 자연이 잘 보존된 오키나와.
오키나와에는 진귀한 생물이 잔뜩
있지만, 그만큼 유독 생물이 많아요.
오키나와에서는 더욱 주의가 필요해요!

KEEP OUT KEEP OUT

일본에서 가장 공격적인 맹독 뱀

반시뱀

주택가 | 공원·도심 녹지 | 산 | 물속 | 일본 오키나와

정보

이름	반시뱀	분류	파충류	몸길이	40~200cm
서식지	아마미 제도, 오키나와 제도				

위험도

독의 강도 ☠☠☠☠☠

마주할 확률 ☠☠☠

삼림이나 밭 등 나무와 풀이 있는 곳이라면 어디든 있어요! 낮에는 숲속 수풀이나 풀밭, 돌담 등의 구멍, 사탕수수 밭 등에 숨어 있으며 밤이 되면 적극적으로 활동해요. 주식으로 쥐를 먹기 때문에 인가 근처에도 많아요.

성격이 공격적이에요. 공격 범위는 몸길이의 3분의 2 정도로, 180cm인 반시뱀의 경우 약 120cm가 공격 범위가 돼요. 숲이나 풀밭을 걸을 때는 긴 소매를 입으세요. 나무 구멍이나 돌담 틈 등에 무심코 손을 넣지 마세요. 활동이 활발한 밤에는 밖에 걸어 다니는 걸 삼가세요. 불가피한 경우에는 밝은 등불을 들고 주변을 살피면서 걸으세요. 나무를 오르는 것도 좋아하는 뱀이기 때문에 땅에만 있는 건 아니에요. 물리면 견디기 힘들 정도의 고통이 일어요. 물집이 심해지고, 고기를 녹이는 소화액 같은 독의 영향으로 근육 등이 녹아요. 죽음에 이르진 않아도 후유증이 남기도 하니 절대 물리지 않도록 하세요.

대처법

만약 물렸다면

다른 독뱀과 마찬가지로 물리면 뛰어서라도 병원으로 가세요. 안정을 취한 후 병원에 가는 건 옛날 방식이에요. 반지나 손목시계를 착용하고 있다면 벗어 두세요. 심하게 부풀기 때문에 나중에 빼지 못할 수도 있어요. 오키나와는 겨울에도 따뜻하기 때문에 일 년 내내 조심해야 해요.

Q퀴즈

Q. 반시뱀의 특징이 아닌 것은 무엇일까요?

① 말린 꼬리
② 뱀술의 재료
③ 야행성

정답은 다음 페이지에

KEEP OUT KEEP OUT

야에야마 제도에 서식하는 소형 일본 토종 뱀

사키시마반시뱀(일본명)

몸은 작지만 방심할 수 없는 위험한 뱀

정보

이름	사키시마반시뱀	분류	파충류	몸길이	60~120cm
서식지	야에야마 제도				

정답 ① 말린 꼬리

위험도

독의 강도 ☠☠☠☠☠

마주할 확률 ☠☠☠

이리오모테 섬과 이시가키 섬 등 야에야마 제도에 서식하고 있는 일본 고유종이에요. 혼슈에서 마주할 일은 없어요. 오키나와의 산 근처 수풀이나 산행을 할 때 마주할 가능성이 있어요. 야행성이고 개구리 등을 먹어요.

등은 회색빛이 감도는 갈색이에요. 거무스름한 문양이 좌우 교차로 나 있는 개체가 많은데, 다른 문양을 지닌 경우도 있어요. 산 근처의 밭이나 산행을 할 때 마주할 가능성이 있어요. 반시뱀과 비교하면 작지만, 어엿한 반시뱀에 속하는 종이에요. 작기 때문에 독의 양도 적지만, 독의 강도는 반시뱀 못지않아요. 물리면 크게 부풀고 심한 증상을 동반하기도 해 방심해선 안 돼요. 독뱀의 독은 위액과 마찬가지로 소화액 작용이 있어요. 뱀으로서는 먹잇감을 잡을 때 죽인 후 안전하게 먹을 수 있고, 소화에도 도움을 주는 고마운 물질이에요. 그래서 애초에 방어용으로 쓸데없이 쓰고 싶진 않은 듯해요.

대처법

만약 물렸다면

반시뱀과 마찬가지로 무엇보다 병원에 가는 게 중요해요. 물렸다면 다른 독뱀과 마찬가지로 뛰어서라도 병원으로 가세요. 물집이 심해질 수 있기 때문에 반지나 손목시계를 차고 있다면 벗어 두는 게 나중에 조치를 취하기 쉬워요.

QUIZ

Q. 반시뱀은 어느 과에 속하는 동물일까요?

① 바다뱀과 ② 코브라과 ③ 살무사과

정답은 다음 페이지에

두껍고 짧은 반시뱀 종

히메반시뱀(일본명)

느림보여도 독뱀! 방심은 금물

주택가
공원·도심 녹지
산
물속
일본 오키나와

정보

이름	히메반시뱀	분류	파충류	몸길이	30~80cm
서식지	아마미 제도, 오키나와 제도				

정답 ③ 살무사과

위험도

독의 강도 ☠☠☠☠

마주할 확률 ☠☠☠

반시뱀에 속하는 종으로, 오키나와의 산 근처 수풀이나 산행할 때 마주할 가능성이 있어요. 개구리를 아주 좋아해, 산지에 개구리들이 모일 만한 장소가 있다면 높은 확률로 마주할 수 있어요!

반시뱀에 속하는 히메반시뱀. 몸통은 다른 반시뱀보다 두껍고 짧으며, 외양이 살무사와 흡사해요. 등의 문양도 회색과 갈색이며 검은 문양이 있어요. 살무사와 다른 점은 검은 문양이 '엽전 모양'이라는 거예요. 보통은 낙엽이나 나무 밑에서 얌전히 있는 경우가 많으며, 위협을 느끼면 물속으로 도망치기도 해요. 공격성은 높지 않지만, 가만히 있을 때가 많으니 실수로 밟지 않게 조심하세요. 독은 반시뱀과 비교하면 약하지만 독뱀이라는 것은 변함없기 때문에 물려선 안 돼요. 오키나와나 아마미에 서식하지만, 다른 뱀보다 저온에 강해 2월 등 꽤 추운 시기에도 동면하지 않고 활동하는 경우가 많은 듯해요.

대처법

만약 물렸다면

다른 독뱀과 마찬가지로 물리면 뛰어서라도 병원으로 가세요. 안정을 취한 후 병원에 가는 건 옛날 방식이에요. 반지나 손목시계를 차고 있었다면 미리 벗어 두세요. 부기가 심해져 나중에 빼기 어려울 수 있어요.

QUIZ

Q. 오키나와에서 히메반시뱀을 일컫는 별명은 무엇일까요?

① 느림보 ② 멋쟁이 ③ 걱정꾼

정답은 다음 페이지에

KEEP OUT KEEP OUT KEEP OUT

아마미에 사는 코브라 종

일본산호뱀

입은 작고 온순한데 독은 강하다고?

주택가
공원·도심 녹지
산
물속
일본 오키나와

정보

이름	일본산호뱀	분류	파충류	몸길이	약 50cm
서식지	아마미 제도				

정답 ① 느림보

위험도

독의 강도 ☠☠

마주할 확률 ☠☠☠

산속이나 삼림 등의 습한 장소에 서식하며 낙엽 밑 등에 숨어 눈에 잘 띄지 않아요. 야행성으로 여겨지지만, 낮에 관찰되기도 해요. 작은 도마뱀 등을 먹어요. 피해 사례는 보고된 바 없지만 코브라과에 속하는 독뱀이에요.

일본산호뱀은 오렌지색을 띠는 아름다운 뱀이에요. 몸은 가늘고 길며, 비늘이 매끄러워요. 등에 폭넓은 가로줄 무늬 문양이 몇 개 있으며 등 한가운데에 검은 세로줄 무늬도 새겨져 있어요. 잡으면 꼬리 끝을 상대에게 향하는데, 꼬리에 독은 없어요. 또 성격은 겁이 많고 온순해요. 게다가 입도 작기 때문에 잘 물지 않아요. 지금까지 사람이 물린 사례가 보고된 바 없어 독에 관한 상세한 정보가 알려져 있지 않아요. 다만, 맹독으로 유명한 코브라에 속하는 종으로서 독을 지니고 있는 건 알려져 있어요. 산에서 드문드문 마주해도 가능한 한 가까이 가지 마세요. 참고로, 일본에 서식하는 코브라과 뱀은 일본산호뱀이 속한 과의 네 종과 바다뱀뿐이에요.

대처법

만약 물렸다면

사람이 물린 사례가 없어 독에 관한 상세한 정보는 없어요. 하지만 독뱀이기 때문에 만약 물렸다면 병원으로 가세요. 다른 독뱀의 조치와 마찬가지로 서둘러 가는 편이 좋을 듯해요.

QUIZ

Q. 일본산호뱀은 아마미 지방 방언으로 '향(ヒャン)'이라고 해요. 어떤 의미일까요?

① 가뭄 ② 비 ③ 구름

정답은 다음 페이지에

아마미 일본산호뱀의 오키나와 버전

하이(일본명)

정체불명의 조용한 독뱀

정보

이름	하이	분류	파충류	몸길이	30~50cm
서식지	도쿠노시마, 오키나와 제도				

정답 ① 가뭄

위험도

독의 강도 ☠☠

마주할 확률 ☠☠☠

삼림 안 등 축축한 장소에 서식하며 도마뱀 등을 먹어요. 일본산호뱀과 마찬가지로 독은 있지만 위험성은 낮아요. 하지만 독에 관한 상세한 정보가 없으므로, 발견해도 장난치지 마세요.

평지에도 있지만 산지에 많이 서식해요. 일본산호뱀을 닮아 가늘고 길지만, 색과 문양이 살짝 달라요. 등은 붉은빛이 도는 갈색이며, 옆줄 무늬 모양도 있어요. 거무스름한 세로줄 무늬 모양이 있는데, 일본산호뱀보다 두껍고 하나가 아닌 다섯이 새겨져 있어요. 성격은 온순하며 피해 사례는 보고된 바 없어요. 하지만 일본산호뱀과 마찬가지로 하이도 코브라에 속하는 뱀이에요. 해외에 서식하는 일본산호뱀, 하이와 가까운 종에 의한 사망 사례가 있기 때문에 발견하면 피하는 게 좋아요. 적에게 공격받으면 꼬리 끝으로 상대를 찌르는 행동도 취하는데, 꼬리에는 독이 없어요. 쿠메지마(오키나와 해역의 섬)에는 하이의 아종이 서식한다고 해요.

대처법

만약 물렸다면

일본산호뱀과 마찬가지로 물린 사례가 없기 때문에 독에 관한 상세한 정보는 없어요. 하지만 독뱀이기 때문에 만약 물렸다면 병원으로 가세요. 다른 독뱀의 조치와 마찬가지로 서둘러 가는 게 좋을 듯싶어요.

QUIZ

Q. 하이는 오키나와 방언으로 어떤 의미일까요?

① 전기 ② 가뭄 ③ 모닥불

정답은 다음 페이지에

KEEP OUT

귀찮게 구는 녀석은 물어 버릴 거라고!

가라스히바(일본명)

성질이 난폭하고 움직임도 재빨라요

정보

이름	가라스히바	분류	파충류	몸길이	75~110cm
서식지	아마미 제도, 오키나와 제도				

정답 ② 가뭄

위험도

독의 강도 ☠☠

마주할 확률 ☠☠

주식은 개구리 등의 생물이에요. 그 때문에 논밭이나 하천 등 물가에서 생활해요. 가끔 사람이 사는 집의 연못 주변에 출몰하기도 해 주의가 필요해요. 번식기는 5월 하순~8월경이에요.

몸은 검고, 하얀 줄무늬 모양과 곳곳에 점박이 무늬가 있어요. 야행성이며 물가에서 자주 발견돼요. 그 때문에 논밭 주변에서 마주할 수도 있어요. 물에 숨어 있을 수 있고, 움직임이 민첩해 개구리를 재빠르고 정교하게 잡아먹을 수 있어요. 자극하면 몸을 들어 위협해요. 귀찮게 구는 사람은 물릴 수 있으니 주의하세요! 위턱 안쪽에 독선이 있어, 물린 후 상처로 독이 흘러드는 구조지만……. 독이 있다는 것만 알려졌을 뿐 어떠한 독인지는 자세히 알려져 있지 않아요. 마주하기 어렵고 다행히도 피해 사례가 보고된 바 없지만, 독뱀이기 때문에 주의해 주세요.

대처법

만약 물렸다면

일본산호뱀과 마찬가지로 독에 관한 상세한 정보가 없어요. 하지만 독뱀이라는 건 알려져 있기 때문에 만약 물렸다면 병원으로 가세요. 다른 독뱀의 조치와 마찬가지로 서둘러 가는 게 좋을 듯싶어요.

QUIZ

Q. 가라스히바는 오키나와 방언으로 어떤 의미가 있을까요?
① 유리 가게 아줌마
② 까마귀뱀 ③ 투명한 비늘

정답은 다음 페이지에

KEEP OUT KEEP OUT

KEEP OUT

천적을 만들지 않는 맹독의 소유자

칼꼬리영원

칼 같은 꼬리와 복어 독을 지녔어요

주택가
공원·도심 녹지
산
물속
일본 오키나와

정보

이름	칼꼬리영원	분류	양서류	몸길이	10~18cm
서식지	아마미 제도, 오키나와 제도				

정답 ② 까마귀뱀

위험도

독의 강도 ☠☠

마주할 확률 ☠☠☠☠

분포는 아마미나 오키나와에 한정돼 있지만, 그 지역의 호수나 산지의 물웅덩이에서 높은 확률로 조우할 수 있어요. 곤충, 지렁이, 양서류의 알이나 새끼 등도 먹어요. 애완동물로 사육되기도 하며, 포획에 의해 수가 감소하고 있어요.

칼꼬리영원은 오키나와에 서식하는 영원으로서 혼슈~규슈에 서식하는 148페이지의 일본얼룩배영원에 속해요. 겉모습도 일본얼룩배영원을 닮았지만 칼꼬리영원 쪽이 몸이 크고 꼬리가 칼처럼 돼 있는 게 특징이에요. 이 칼 같은 꼬리가 이름의 유래가 되어 '칼꼬리'라는 이름이 붙여졌어요. 등에 검거나 붉은 문양이 있으며, 하얀 점박이 문양도 간혹 있는 등 개체마다 달라요. 배에는 오렌지색에 검은 문양이 드문드문 있어요. 이 선명한 색은 독을 지니고 있다는 표식으로 '경계색'이라고도 해요. 일본얼룩배영원과 마찬가지로 복어와 같은 '테트로도톡신'이라는 강한 독을 지녀 자신의 몸을 지켜요.

대처법

만약 만졌다면

살짝 만진 정도로 특별히 해는 없어요. 다만 계속 만지면 찌릿찌릿한 감각이 느껴지거나, 그 손으로 눈이나 입을 만지면 심한 고통이 느껴져요. 만졌을 때는 손을 잘 씻으세요. 만졌던 손을 눈이나 입 등의 점막에 비비는 건 위험해요!

QUIZ

Q. 칼꼬리영원 수컷의 꼬리는 번식기에 어떻게 변할까요?
① 폭이 넓어진다 ② 분리된다
③ 삼지창 모양이 된다

정답은 다음 페이지에

반시뱀과 살무사를 뛰어넘는 최강 공포 독뱀

바다뱀

독의 강도는 반시뱀의 10배 이상!

정보

이름	바다뱀	분류	파충류	몸길이	60~180cm
서식지	태평양, 인도양				

정답 ① 폭이 넓어진다

위험도

독의 강도 ☠☠☠☠☠

마주할 확률 ☠☠☠☠

바다뱀이라고 해도 종이 다양해요. 육지로 올라오는 종도 있고, 해안가 테트라포드 틈에 숨어 있는 종도 있어요. 기본적으로 오키나와 등 남쪽 바다에 서식하지만, 치바현 만에서 발견된 사례도 있어요.

다이빙 등을 할 때 마주하는 바다뱀은 기본적으로 성격이 온순해 달려드는 경우는 거의 없어요. 하지만 절대로 방심해선 안 돼요. 바다뱀은 코브라에 속하며 독성이 매우 강해요. 종에 따라 공격적인 녀석도 있으며, 강한 호기심에 다가오는 녀석도 있는데, 어느 녀석이건 절대로 쓸데없이 건드려선 안 돼요. 물린 뒤 빠르면 몇십 분 후 "몸이 움직이질 않아.", "말이 안 나와." 같은 증상을 시작으로 최악의 경우 사망에 이를 수 있어요. 옛날에 어떤 초등학생이 친구에게 담력 테스트로 뱀의 입을 열게 했다가 손가락을 물려 사망한 사례가 있어요. 누가 뭐라 하건 바다뱀에겐 절대 장난쳐선 안 돼요!

대처법

만약 물렸다면

만약 물렸다면 곧장 주변에 있는 다른 사람에게 도움을 요청하세요. 최대한 빨리 병원에 가는 수단을 택해, 한시라도 빨리 도착해야 해요. 바다뱀의 독은 강력해요. 몇 번이고 말하지만, 무심코 가까이 가거나 물릴 만한 행동을 절대 해선 안 돼요.

QUIZ

Q. 바다뱀은 어떻게 헤엄칠까요?

① 움직이지 않고 헤엄

② 별 모양으로 헤엄

③ 몸을 옆으로 구불대며 헤엄

정답은 다음 페이지에

KEEP OUT KEEP OUT

색인

정답 ③ 몸을 옆으로 구불대며 헤엄

참고 문헌

『아이에게도 알려주고 싶은 벌·뱀 위험 회피 메뉴얼』(고키겐 비지니스 출판)

『자연계 위험 600종 유해 생물 도감 위험·유독 생물』(각켄)

『위험 생물 first aid handbook 바다편』(분이치소고 출판)

『위험 생물 first aid handbook 육상편』(분이치소고 출판)

『야외독본』(야마토산케이사)

『조심해! 위험한 외래 생물』(도쿄 환경국 자연 환경부)

『조심해! 위험한 외래 생물』(도쿄 환경국 자연 환경부)
http://gairaisyu.tokyo/species/danger_15.html

『외래 침입 생물 데이터베이스』(국립 환경 연구소)
http://www.nies.go.jp/biodiversity/invasive/

감수 **니시우미 다이스케**

자연교육 멘토. 가나가와현 출신. 타마가와 대학 농학부에서 곤충학을 수학한 후, 다카오 비지터 센터 등에서 자연 해설원으로 근무 경험을 쌓아 『자연과 사람을 잇는 통역사』로서 『세일즈 환경교육 디자인 연구소』를 창립. 『아카데믹 생물학습』을 테마로 멘토 육성과 아이를 대상으로 한 『생물 연구 과정』등으로 강사를 맡았다. 저서로 『아이에게도 알려주고 싶은 벌·뱀 위험 회피 메뉴얼』(고키겐 비지니스 출판)이 있다.

역자 **나정환**

고려대학교 생명과학부 전공으로 올해 졸업을 앞두고 있다. 일본 문학에 흥미를 느껴 자연스럽게 일본어를 공부하게 되었고, 우연한 기회를 통해 번역 일을 시작하게 되었다. 번역한 책으로는 『더 엉뚱한 동물 총집합』, 『난 억울해요!』, 『깜짝 놀랄 심해 생물 백과』(코믹컴), 『움직이는 도감 MOVE 식물』(루덴스미디어)이 있다.

● 집필　이가라시 준, 야마나카 유카리, 아사미즈 미호, 다카하시 미호, 무카이야마 히로유키, 타쿠마 요시카즈
● 일러스트　도쿠미츠 야스유키
● 디자인　스기모토 류이치로(가이하츠사), 미즈키 료타(아츠이 디자인 연구소)
● 편집　후지모토 코이치(가이하츠사)
● 편집부　핫토리 리에코
● 협력　시라하마 마유(세일즈 환경교육 디자인 연구소)

코믹컴 *비주얼 사이언스 백과 5* **깜짝 놀랄 독 생물 백과**

감수 니시우미 다이스케
역자 나정환
찍은날 2020년 3월 18일 초판 1쇄
펴낸날 2023년 8월 25일 초판 4쇄
펴낸이 홍재철
편집 이호경
디자인 박성영
마케팅 황기철·안소영
펴낸곳 루덴스미디어(주)
주소 경기도 고양시 일산동구 무궁화로 43-55, 604호(장항동, 성우사카르타워)
전화 031)912-4292 | **팩스** 031)912-4294

홈페이지 http://www.ludensmedia.co.kr
등록 번호 제 396-3210000251002008000001호
등록 일자 2008년 1월 2일

ISBN 979-11-88406-86-9　74490
ISBN 979-11-88406-00-5(세트)

결함이 있는 책은 구입하신 곳에서 바꾸어 드립니다.
값은 뒤표지에 있습니다.

이 도서의 국립중앙도서관 출판시도서목록(CIP)은
e-CIP홈페이지
(http://www.nl.go.kr/ecip)에서 이용하실 수 있습니다.
(CIP제어번호 : CIP2020011153)